더 나은 논쟁을 할 권리

페 미 니 스 트 　 크 리 틱

더 나은
논쟁을 할 권리

김은실·권김현영·김신현경·김애라·김주희·민가영·서정애·이해응·정희진 지음

김은실 엮음

Humanist

최근 한국 사회에서 여성들은 자신을 설명할 수 있는 언어가 필요하다고 인식하고, 매우 다양한 방식으로 '여성' 자신에 대해 공부하고 있다. 독서 클럽에서, 크고 작은 페미니즘 강연에서, 여성학 세미나나 다양한 기관에서 제공하는 프로그램에서 페미니즘을 공부한다. 이전과 달리, 한국 출판 시장에서 페미니즘은 독자적인 영역을 구축하기 시작했다. 한국 사회를 성 평등한 사회로 변화시키고자 하는 페미니스트들에게 여성 저자를 기다리는 여성 독자 집단과 출판사의 등장은, 저자들이 어떠한 페미니즘 언어·지식·이야기·정보를 생산하고 있고 또 어떠한 사회 변화의 전망을 제시하고 있는가와 상관없이, 일단은 반갑고 흥미로운 현상이다.

이 책 역시 이러한 상황에 개입하고자 하는 하나의 시도이기도 하다. 강남역 사건 이후 여성들은 희생자와 자신을 동일시하면서 한국 사회에서 여성으로 산다는 상황의 취약성, 언제든지 혐오와 성적 욕망의 대상이 될 수 있는 타자로서의 위치성을 자각했다. 그리고 여성으로서 삶의 경험에 대한 사회적 역사적 이해와 해석을 추구하기 시작했다. 주변인으로, 타자로 자신을 인식하고 동시에 다른 여성과 타자로서 동일시하게 되는 경험은 대단한 계몽의 순간이다.

그러나 계몽의 순간이 '앎'의 끝은 아니다. 그다음 순간에 제기되는 질문은 최초에 제기되었던 질문과 경합하고, 또 질문들끼리 맞물려 더 이상 문제가 해결되지 않는 교착 상태에 빠지기도 한다. 여성들 사이의 차이는 어떻게 볼지, 모든 남성이 평등하지 않을 때 남성과의 평등이라는 문제에서 누구와 평등을 추구해야 할지, 남성은 모두 가해자인지 등 많은 질문에 봉착하게 된다.

이 책에 실린 글들은 한국 사회에서 여성들의 상황과 젠더 권력 관계의 절합을 드러내면서 새로운 문제 제기 방식, '더 나은 해결'을 위한 논쟁, 이론화 방식을 모색하기 위해 쓰였다. 이를 위해 필자들은 현재 여성들이 직면한 이슈에 접근하기 위해서는 젠더에 관한 기존의 시각, 사유 방식과 문제 제기의 틀 자체가 변화되어야 함을 제안한다.

다양한 필자들의 문제의식과 질문을 하나의 책으로 엮어내기 위해서는 많은 노동이 필요하다. 이 책이 나오는 데 생각과 에너지를 보태준 권김현영, 김주희, 정희진에게 감사한다. 특히 페미니스트 지성 공동체에 대한 열정으로 이 책이 완성되는 데 최선을 다한 정희진에게 고마운 마음을 전한다. 그녀 특유의 성실성, 필자 모두와의 우정과 신뢰가 이 책의 탄생을 가능하게 해주었다. 더딘 작업을 기다려준 휴머니스트 편집부에도 미안함과 감사함을 전한다.

2018년 6월

김은실

차례

페미니스트 크리틱, 새로운 세계를 제안하다

김은실

페미니스트 크리틱은 어떻게 시작되는가

'여성'과 관련한 지식은 어떻게 생산되는가. 가부장제 사회에서 상징으로서, 규범으로서 정의되어왔던 '여성'의 개념에 도전하고 균열을 내는 페미니스트 크리틱(feminist critique)은 어떻게 시작되고 어떻게 그 의미가 획득되는가. 페미니스트는 어떤 방식의 언어와 글쓰기 양식을 가질 수 있으며, 그 글쓰기 양식을 결정하는 것은 무엇인가. 그 언어가 수행하는 담론의 권력은 어떤 맥락이 있을 때 작동하는가. 나는 이 문제를 설명하기 위해 여성학 수업에서 세 명의 페미니스트를 '지금, 여기'에 초대하곤 한다. 20세기 전반기, 여성 지식인으로 자신을 정체화했던 세 명의 페미니스트. 식민지 조선의 나혜석, 영국의 버지니아 울프 그리고 프랑스의 시몬 드 보부아르다.[1]

세 사람은 동시대에 살았지만, 역사적 공간은 달랐다. 나혜석은 일제 식민지 공간에, 울프와 보부아르는 제국주의 침략을 주도하는 제국의 수도에 살았던 페미니스트다. 각자 다른 위치에 있던 여성들이 자신의 문제를 발견하는 방식을 살펴보는 것은, 이후 더 나은 방식으로 젠더 정치를 비판하고자 하는 페미니스트에게 생각을 여는 좋은 계기가 될 수 있다.

1929년을 기점으로 세 페미니스트의 삶의 여정을 살펴보자. 나혜석은 1929년에 유럽과 미국 여행을 마치고 조선으로 돌아온다. 1929년에 버지니아 울프는 《자기만의 방》을 쓴다. 1929년에 보부아르는 사르트르를 만나 계약 결혼을 하고 고등학교 철학교사로 일하기 시작하며, 1949년에 《제2의 성》을 출판한다.

세계 여행을 떠나기 전까지 "여성도 사람임"을 주장한 나혜석은, 남녀가 불평등한 사회 구조 속에서 여성이 어떻게 여성의 조건을 극복하여 인간이 될 수 있는가를 질문하면서 자신의 삶이 성 역할에 종속된 현실을 참지 못한다. 그래서 사회를 향해 자신이 처한 삶의 곤경을 드러내는데, 그 형식은 자기 진술 혹은 자기 고백의 형식을 띤다. 신여성 나혜석은 결혼 전후로 극심한 정체성의 혼란을 겪는다. 근대적 인간은 남성으로 대표되기 때문에 나혜석은 남성과 동일시하며 여성도 사람이라고 주장하지만, 결혼 이후에는 이전에 그토록 자신이 비판하고 떨쳐버리고 싶었던 '구여성'과 더 유사하다고 느낀다. 그러나 자신과 구여성의 공통적인 경험을 설명할 수 있는 방법은 없었다.[2]

나혜석이 자신의 삶이 신남성보다 구여성과 더 비슷하다는 인식과 자신이 '여자'라는 구조적 조건을 이해하게 되는 것은, 유럽과 미국 여행에서 서구 여성들을 보고 돌아와 이혼하고 난 후였다. 나혜석이 여성의 성 역할에 대해 질문을 제기하고 또 답을 찾는 모든 출처는 바로 자신의 경험이었다. 나혜석은 그 경험을 거의 모두 잡지에 발표했는데, 그 길이는 몇 페이지를 넘지 못했다. 자기를 설명할 다른 여성들의 이야기도, 여성의 삶을 설명하는 다른 참고문헌도 전혀 없었다. 나혜석은 1948년에 행려병자로 사망한다. 2000년대 나혜석 전집을 읽는 한국 여성들은 나혜석의 고민과 현재 자신의 고민이 같다는 사실에 놀란다.

버지니아 울프는 《자기만의 방》에서, 당시 영국 사회에서 남성 지식인들은 케임브리지 대학 도서관에서 오랜 시간 동안 사서들의 도움을 받으면서 많은 참고문헌을 사용하며 '논문'을 쓰는 데 반해, 여성들은 시간의 단속성(斷續性)과 장소의 불연속성 속에서 참고문헌도 필요하지 않은 '소설'을 쓰고 있음을 밝히고 있다. 그래서 여성이 자신의 생각을 개념화하고 논쟁하는 글을 쓰기 위해서는, 자기만의 방과 1년간 글을 쓸 수 있도록 500파운드의 돈이 필요하다는 것을 역설하고 있다. 울프는 여성의 독립에 필요한 것은, 자신이 누구인지를 알 수 있는 사유 능력과 자기 생계를 책임질 수 있는 경제적 능력을 갖는 것이라고 주장한다. 울프에게 '여성'은 자신만이 아니라 이미 복수로 존재하는 같은 역사적·사회적 조건에서 기인하는 구체적인 사회적 존재들이다.

시몬 드 보부아르는 1908년에 태어났다. 그녀는 1929년에 대학을 졸업하고 고등학교에서 철학을 가르쳤다. 당시 프랑스 사회는 공화정이 도래한 1880년대부터 1914년까지 조직적인 여성운동이 비약적으로 발전하던 시기였다. 그러나 이러한 분위기는 제1차 세계대전, 경제공황, 전체주의, 제2차 세계대전 등의 혼란기를 겪고, 1930년대 파시즘이 국제 평화를 위협하게 되면서 위기를 맞는다. 여성의 자리는 가정임이 재차 강조되고 여성의 출산과 육아 기능을 부각시키는 보수적이고 반페미니스트적인 여성관이 극에 달하게 된다. 1930년대에는 경제 위기 때문에 여성을 가정으로 돌려보내야 한다는 캠페인이 더욱 활발했는데, 주로 가톨릭계 페미니스트들과 출산 증진주의자들이 이러한 움직임을 주도했다.

특히 제1차 세계대전이 끝나면서 전쟁으로 인한 인구 감소 위기가 국가의 위기로 증폭되고 있었다. 출산 장려가 강력한 국가 정책이 되는 상황에서, 페미니스트조차 1920년과 1923년의 피임 및 낙태를 금지하는 탄압법에 저항하지 않았다. 오히려 많은 페미니스트들이 낙태 금지법이나 피임 유포를 금지하는 것이 여성의 모성을 존중하는 것이라는 입장을 취했다.[3] 이처럼 《제2의 성》은 가톨릭과 보수주의가 지배적이었고, 반페미니스트적 사회 분위기가 매우 강했던 시점에 세상에 나왔다.[4] 《제2의 성》 출판 당시 보부아르는 대부분의 좌파 지식인이 속해 있는 잡지 〈현대〉의 멤버였다. 그러나 《제2의 성》의 출판 이후 보부아르는 우파를 비롯하여 공산주의자, 가톨릭 부르주아지, 보수주의자, 로마 교황청으로부터 격렬한 비난을 받았고, 책은 여러 곳에서 판매가 금지되었다. 보부아르는 "······ 나는 비난에 당황했다. ······ 그들은 내 책의 역사적 사례를 외설로 핑계 삼아, 음란의 축제를 벌였다."[5]고 말했다.

《제2의 성》에는 유명한 명제가 두 개 있는데, 하나는 "여성의 모든 역사는 남성에 의해 만들어졌다."이고, 다른 하나는 "여자는 여자로 태어나는 것이 아니라 만들어지는 것이다."이다. 보부아르는 《제2의 성》에서 광범한 자료를 사용하면서, 두 개의 명제를 입증하고 논쟁했다. 이 책은 많은 나라에서 번역되었고, 1960년대 미국 여성운동의 경전이 되었다. 보부아르는 《제2의 성》에서 "사유하는 존재라는 인간"에 대한 데카르트 명제에 대해, 그것은 주체인 남성들의 정의 방식이고 여자는 타자로서 몸으로 규정되고 있다고 주장했다.[6] 그러나 당시 프랑스에서 보부아르의 《제2의 성》은 철학책으로 간주되지 않았고, 여성을 설명하는 역사적 데이터의 음란성만 부각되어 공격받았다.

나혜석이 여성으로서 경험에 대해 쓴 글은, 한국 사회에서 1990년대 중반이 넘어서야 페미니스트들에 의해 여성의 역사 속으로 들어오기 시작했다. 1920년대와 1930년대에 작가로서 상당한 명성을 누렸던 영국의 버지니아 울프 역시 제2차 세계대전 이후에는 정치의식이 없는 엘리트 작가로 간주되었지만, 1970년대 초 페미니즘 운동이 새롭게 일어난 이후에는 울프 문학에 대한 비평과 연구가 하나의 소규모 산업이 될 정도로 중요한 위치를 차지하게 된다.

보부아르 또한 당시 작가로서 상당한 명성을 갖고 있었지만, 앞서 말했듯이 1949년 《제2의 성》을 출간했을 때는 엄청난 공격을 받았다. 프랑스에서 《제2의 성》은 일정 부분 여성들의 의식을 각성시키는 역할을 했으나, 자국의 여성 해방운동에 직접적인 영향을 주지 못했다. 이후 《제2의 성》은 1960년대 미국 여성운동에 영향력을 발휘하면서, 다시 1960~1970년대에 프랑스로 역수입되어 프랑스 여성운동을 활성화시키는 데에 기여한다.

요컨대, 세 사람은 여성의 삶의 조건과 여성에 관한 지식에 대해 같은 질문을 던졌지만 답을 추구하는 과정과 그 답이 맺는 사회와의 관계, 다른 여성들과의 관계 그리고 정치적 효과는 달랐다. 나혜석은 여성의 성 역할로 인해 식민지 상황에서 남성과 동등해지는 것이 불가능

더 나은 논쟁을 할 권리

하다는 현실을, 버지니아 울프는 남성과 동등해지기 위한 경제적 조건의 필요성을, 보부아르는 가부장제 사회에서 평등을 이야기하기 전에 이미 여성은 남성의 타자로 역사화되어왔다는 현실을 크리틱한다.

나는 세 명의 페미니스트 중에서 누가 가장 영향력이 큰지, 누가 이론을 다루는 사람이고 누가 개인의 경험을 말하는 사람인지, 우리는 이 중에서 누구의 글쓰기를 따라 해야 하는지를 말하기 위해 이들을 동시대인으로 다루고 있는 것이 아니다. 여기서 말하고자 하는 바는, 페미니스트들의 물음은 어떻게 만들어지는지, 그 질문이 놓여 있는 장은 어떻게 구성되는지, 그 질문은 여성들의 삶을 정상적이고 규범적으로 만드는 권력 체계와 어떻게 닿아 있고 페미니스트 질문은 그것을 어떻게 흔드는지를 살펴보기 위해서다.

특정한 사회에서 제기되는 대부분의 질문들과 그것에 대한 답의 추구는 그 사회의 규정성을 벗어나기 힘들다. 그러나 나혜석이나 울프, 보부아르의 질문은 각자 자기 사회가 제공할 수 있는 안전한 앎의 영역을 벗어났고, 성차(sex)나 성별(gender)이 위치하는 사회관계의 앎의 질서에 도전했다. 많은 경우 나혜석과 울프, 보루아르는 분과 학문인 문학에서, 문학의 역사 속에 위치되어 선각자로 읽힌다. 그러나 그들은 자신들의 역사적 시간보다 먼저 도착한 ("시대를 앞서간") 이들이 아니라, 자신의 삶을 규정하고 구속하는 당대의 시간과 공간의 규정성에 도전하고 당대의 성별 질서와 체제를 크리틱한 여성들이다. 페미니스트 크리틱은 자신들의 삶을 규정하는 성별정치학, 젠더 관계가 구성되는 사회와 역사의 경계 그리고 지식-진리 체계에 대한 정치적 인식이고 비판이다.

초학제적 연구로서 여성학

내가 대학에서 여성학을 연구하고 가르치기 시작한 지도 20년이 훨씬 지났다. 처음 여성학을 가르칠 때, 나는 학생들에게 왜 어떻게 해서 우리가 알고 있는 방식대로의 남녀 성 역할 수행이 '자연'스러운 것인가 그리고 특정한 사회적 역할이나 직무를 수행하는 것과 여성과 남성이라는 성차는 얼마나 불가피한 관계를 맺는 것인가라는 질문을 하곤 했다. 여성과 남성을 구분하는 가장 중요한 속성, 예를 들면 생식기관이나 신체적 차이 등이 사회의 여러 영역에서 남녀라는 경계를 구획하게 만드는 일관되고 결정적인 이유가 되는지, 남녀의 차이나 차별을 자연스럽고 당연한 '진리'로 만드는 것은 무엇인지 묻곤 했다.

이런 질문에 가장 분명하고 쉬운 답은, 우리와 다르게 남녀의 성 역할을 수행하고, 남녀가 관계를 맺는 방식이 다른 사회를 보여주는 것이다. 남성과 여성의 역할 그리고 사회에서 남녀에게 배치하는 중요한 가치가 우리 사회와는 다른 인류학적 자료들을 보여줄 때, 사람들은 일단 인간이 다양하다는 것을 이해하고 또 우리가 알고 있는 삶의 방식에 대해 어느 정도 거리를 갖는 순간을 맞는다.

그러나 그렇다고 사고가 바뀌거나 성 역할 실천이 바뀌는 것은 아니다. 그것은 잠시 우리가 알고 있는 지식의 수행을 멈추는 것이다. 이것이 사고의 변화를 가져오기 위해서는 또 다른 실천과 연결되거나, 공간을 이동하여 더 이상 동일한 사회관계로 들어가지 않음으로써 같은 방식의 성 역할 실천이 가능하지 않거나 의미가 없는 상황이 되어야 한

더 나은 논쟁을 할 권리

다. 남성 중심의 가부장적 세계를 비판하면서 성 평등한 세계에 살겠다고 선언한다면 그것은 이제까지 당연하게 살고 있었던 남성 중심의 삶의 기반이 흔들린 사회에 살겠다는 것을 의미한다. 그러나 기존의 젠더 규범 체계가 흔들린 세계를 산다는 것은 많은 사람들, 특히 남성들에게 또한 여성들에게조차도 몸으로 살아내기가 쉽지 않다.

우리는 한국 사회를 구축하고 있는 비언어적인 문화적 규범들과 그것들을 체현한 몸으로 이곳을 살고 있다. 그래서 이 규범의 경계를 건드리는 질문이나 생각, 비판을 하게 되면 그것은 '자연스러운' 것에 대한 도전이고, 감정적인 것들을 건드리는 예민한 것, 쾌와 불쾌의 경계를 건드리는 도전이 된다.

한국 사회에서 여성학적 문제 제기 역시 이 사회가 규범화하는 지식/진리 체제의 프레임을 벗어나기 어렵다. 한국 사회에서 지식-진리의 토대를 구성하는 담론은 모두 출계(出系)와 성원권의 기반인 가족 제도, 식민지에서 해방된 민족국가의 건설, 근대화 기획을 통한 경제개발, 반공주의 등이다. 여성에 대한 문제 제기 역시 이러한 규범 혹은 규정의 틀 속에서 구축되었다. 페미니스트의 문제 제기는 민족국가의 범위 내에서, 가족 제도를 훼손하지 않는 범위 내에서 제기하도록 기대되었고, 경제 성장에 대한 문제 제기보다 국가 발전에서의 여성의 역할을 제안하고 발전 과정에서 발생하는 여성문제를 해결하는 것이 여성학의 역할이고 존재 이유라고 이해되었다. 그래서 여성에 대한 질문은 국가의 틀 내에서, 발전의 틀 내에서, 문화적 규범의 틀 내에서, 자유민주주의의 틀 내에서 제기되어야 한다는 비명시적이지만 강력한 규범이 존재한다.

따라서 가족제도나 민족국가의 발전에 대한 문화적 각본을 지나치게 훼손하는 여성주의는 수용되기 어려웠다. 그것은 서구적인, 공격적인, (미국적 의미의) 급진적인 혹은 반사회적인 것으로서 '바람직한', '수용 가능한' 페미니즘이 아니었다. 이 수용 가능성과 불가능성을 판단하는 주체는 민족주의자 남성에서부터 소위 '페미니스트'까지 다양하다.

그러나 '한국 페미니즘'이 서구에 대한 비판을 시도하고 민족/국가주의를 지지한다고 해서, 한국 사회의 주류로 통합되는 것은 아니다. 사실 남성 사회의 공격은, 한국의 페미니스트가 시도하는 서구 비판이나 민족주의 비판이 이미 여성에게 할당된 주제를 벗어나고 있다고 판단한 결과일 뿐이다. 페미니즘 연구 혹은 여성학이 기존의 문제틀이나 범주에 대한 비판을 동반한다고 이해하기보다, 여성학은 사회를 구성하는 하나의 범주로서의 여성 집단에 대한 연구를 수행하는 '소재 혹은 주제로서의 여성' 연구라고 인식하는 것이다.

페미니즘이 대학에 여성학(Women's Studies)이라는 이름으로 학제 내 '지식'으로 등장한 것은 1970년대였다. 1960년대 말부터 1970년대 초에 서구에서 여성들이 겪고 있는 현실적인 부당함과 불편함을 고발하고 그것을 변화시키려는 엄청난 규모의 여성운동(the second wave feminism)이 등장했다. 동시에 대학의 연구자, 대학원생, 활동가, 작가 들은 여성의 삶과 경험이 드러내는 종속과 불평등의 기원과 형태를 규명하는 연구와 논문, 에세이, 저서를 만들어내기 시작했다. 이러한 흐름은 여성의 종속과 남성의 지배를 변화시키기 위해, 여성의 삶과 경험을 학습하고 토론하며 여성의 삶이 조직되는 방식을 문제화하는 지식을 생산하고 제도화하려는 노력으로 나아갔다. 여성에 관한 지식 생산과 교육, 사회 변화를 위해 그 지식을 정치적인 힘으로 전환시키는 새로운 페다고지(pedagogy)로서 혹은 지식 정치로서 여성학이 대학에 등장한 것이다.

새로운 비판과 지식으로서 여성학은 기존의 보편/남성 중심의 지식 체계에 도전하기 시작했다. 미국에서는 1960년대 말부터 다양한 교과목으로 여성학적 내용을 가르치기 시작했고, 1970년에 많은 대학에서 여성학 프로그램이 학부에 생기기 시작했다. 최초의 여성학 교과목은 코넬대학교에서, 최초의 여성학 프로그램은 샌디에이고에 있는 캘리포니아 주립대학교에서 시작되었다.

한국에서는 1977년에 이화여자대학교에서 처음으로 학부에 여성학 교과목이 팀티칭으로 개설되었다. 아시아에서 여성학이 대학의 교과목으로 자리 잡은 것은 한국의 이화여대가 최초다. 여성학 강의는 시작되자마자 많은 스캔들을 불러일으켰다. 1977년 최초의 여성학 강좌가 시작되었을 때, 신문이나 라디오에서는 여성학이 한국의 민족성을 배반할 것이며, 여성학을 가르치는 것은 서구의 사상을 모방하게 되어 결국 통일과 경제 발전이라는 중요한 임무에서 벗어나는 일이 발생할 것이라고 비판했다. 그러나 1989년에는 19개 대학에서 여성학 강의가 개설되고, 1996년에는 100개 이상의 대학에서 여성학 강의가 개설되었다.[7]

1982년에는 이화여대에 여성학 석사 프로그램이 만들어졌다. 그리고 1980년대에 배출된 여성학 석사들은 1980년대와 1990년대에 걸쳐 여성학을 공부하고 가르친다는 것 자체가 여성운동, 페미니스트 운동이 되는 '여성학 운동가'들로 활약했다. 그것은 현재도 마찬가지다. 1990년대에 여러 대학에서 여성학 석사 프로그램이 만들어졌고, 1995

년에는 이화여대에 여성학 박사 프로그램이 만들어졌다.

대학 내에서 비판으로서의 여성학은 두 개의 트랙을 통해 실천되고 있다. 하나는 독립적인 개별 여성학과 혹은 여성학 협동 과정 프로그램을 통해서이고, 다른 하나는 분과 학문 내에서 여성주의적 시각 혹은 젠더 연구에 입각해 기존의 분과 학문 내의 지식의 젠더화를 비판하는 여성주의 학자에 의해서다. 독립적인 여성학과에서는 간학제적(inter-disciplinary), 다학제적(multi-disciplinary), 초학제적(trans-disciplinary)인 방식으로 기존과는 다른 지식인을 배출하는 것을 목표로 삼는다. 비판으로서 여성주의 지식의 등장은 이렇게 초학제적인 방식으로 훈련된 여성학자들에 의해 그리고 각 분과 학문에서 구체적인 페미니스트 비판 작업을 수행해내는 여성주의 지식인들이 등장하면서 본격화되기 시작했다.

체제 비판으로서의 페미니즘 연구

페미니스트에게 페미니즘의 이론과 논의는 기본적으로 크리틱(critique, 비판)이었다. 1970년대 서구의 페미니스트 이론가들은 모두 마르크스주의자였거나 비판 이론을 공부했거나 평등과 자유를 신봉하는 자유주의자였거나 시민권운동에 참여한 활동가였다. 그들은 여성 그 자체가 질문되어야 한다는 급진주의자들이었다. 모두 가부장제·남성 중심의 사회 체계에서 어떻게 여성이 타자가 되는가, 무엇이 여성을 종속적인 존재로 만드는가, 여성들이 그토록 착취적이고 불평등한 지위를 오랫동안 견뎌온 이유는 무엇인가라는 질문을 했고, 그 기원을 찾고자 했다.

초기 페미니스트 이론가들은, 그들이 의존하고 있는 거대 이론 체계는 모두 남성의 경험을 인간으로 상정하고 있고, 독립적이고 자율적인 남성/인간에 기대어 이성과 합리성, 상호 이해와 존중을 구축하는 규범적 세계를 이상(理想)으로 제시하고 있다고 비판했다. 여성 이론가들은 그러한 이론에 여성을 위치시키면 혹은 여성에게 그러한 이론을 적용하면, 여성들의 삶은 역설적 상황에 처하게 된다고 보았다. 페미니스트 이론가들은, 공적 영역에서 남성과 동등한 노동자가 되거나 자유로운 대화와 의사소통에 기반을 둔 공론장을 통해 해방된 사회를 만들 수 있다는 이상은 타자인 여성 집단에게는 도달 불가능한 규범의 영역이라는 것을 지적했다.

즉 기존의 체계를 그대로 둔 채 그 안에서 여성들이 해방되고자 한다면, 혹은 평등해지고자 한다면 여성은 항상 남성과 같거나 다르다는 보편과 특수의 관계틀을 오가는 논의에 갇히게 된다. 그래서 계급이 먼저냐 혹은 젠더가 먼저냐 하는 평등과 차이의 논쟁에 휘말리게 되고, 또 이러한 논쟁이 여성 문제를 역설로 간주하게 했으며, 여기서 길을 잃어왔다.

페미니스트들의 이상은 남자와 같은 대우를 받고, 남자와 같은 권리를 획득하는 것이 아니다. 물론 자유주의 페미니즘이 남성과 같은 권리를 갖고 동일한 대우를 받는 것을 운동의 목적으로 상정하고 있지만, 페미니즘은 단순히 여자가 남자와 같은 대우를 받겠다는 정치적·사회적 비판이 아니다. 페미니즘은 여성을 포함한 남성 그리고 타자들의 해방에 대한 전망을 갖고 시작된 사상이고, 운동이고, 지식이다. 물론 기존의 사회 체제 내에서 자신의 의사를 정치적으로 표출하고 생존을 유지하고 의미를 만들어내는 정치·경제·문화의 시민권을 획득하는 것은 중요한 일이다. 그러나 급진주의 페미니즘이나 사회주의 페미니즘은 좀 더 나은 사회에 대한 전망을 끊임없이 모색했고, 그것에 기반을 두고 기존 사회에 대한 사회문화적·정치적 비판을 수행해왔다.

페미니스트 크리틱은 생산 중심에 대한 마르크스주의 사회 이론 비판과 더불어 보살핌·돌봄·호혜에 기반을 둔 덜 억압적인 관계를 지향하는 사회 체제에 대한 전망, 덜 착취적인 자연과 인간 간의 관계에 기반을 둔 발전 전망 등을 지향해왔다. 다시 말해, 새로운 페미니즘 체제는 기존의 질서와 양립할 수 없다. 그러나 체제 비판으로서의 페미니즘은 성별정치학이 작동하는 전체의 틀을 비판하는 것으로 인식되기보다 항상 여성 부재나 여성 결핍의 문제로 인식되었다. 그래서 페미니즘의 전망은 필요시에 요구되지만, 항상 체제를 보완하거나 체제의 위기를 넘기는 데 사용된다.

나는 1994년 한국여성학회 10주년 기념 학술대회에서 〈민족 담론과 여성〉이라는 논문을 발표한 바 있다. 민족/국가 담론이 여성을 민족이나 국가의 서브 텍스트로 호명하여 민족 담론의 틀 속에 그리고 국가의 틀 속에 '부분'으로 위치시키는 담론적 권력 정치에 대해 논했다. 이 발표 이후, 남성과 여성을 적대적 권력 관계로 인식하는 한국 페미니스트들의 서구 중심성, 민족의 상처와 어려움, 민족 해방을 위해 싸운 역사에 대한 몰이해, '큰 싸움'과 '작은 싸움'에 대한 분별없음, 중산층 배운 여성들의 권리와 계급 중심성 등이 비판되었다.

하지만 동시에 이 발표 이후 '페미니스트'들은 민족/국가 담론이 페미니즘의 질문 혹은 문제 제기를 특정한 방식으로 구속하고 있고, 자신들의 질문이 한국 사회의 규범을 구성하는 지식/진리 체제를 비판하는 정치적 담론으로 인식되지 않는다는 사실을 깨달았다. 물론 '페미니즘' 내에서도 여성을 하위 범주로 구성하는 성별정치학과 내부의 차이를 전체에 종속시키는 논리에 기반한 민족주의 담론을 왜 페미니즘이 비판하는지 이해하지 못하는 '여성'들이 있었고, 민족이 여성보다더 큰 범주이기 때문에 "민족이 먼저"여야 한다고 생각하는 '여성'들이있었다.

1994년의 이 논쟁은 이미 역사의 페이지 속에 있어야 하지만, 이 논쟁과 이것의 정치적 효과는 오늘날에도 기억되고 논의되고 있음을 본다. 〈민족 담론과 여성〉은 어떤 방식으로든 간에, 한국 사회에서 계속논쟁거리가 되어왔고 인용, 의문시, 참조되어왔다. 최근 정희진이나 권김현영에 의해 제안되고 있는 식민지 남성성 개념 역시 이 논쟁의 맥락위에서 한국 사회를 구성하는 민족주의 담론에 대한 페미니스트 크리틱이다.[8]

20세기 말에 새천년을 맞으면서 한국의 페미니스트들은 평등과 차이라는 역설의 문제를 해결하기 위해 많은 토론회를 가졌다. 한국 여성들은 20세기의 근대 여성 교육을 통해 근대적 지식과 가치를 학습하고, 그것을 실현하는 공적 영역에 참여하는 수많은 '최초'의 여성들을 배출했다. 근대화 과정에서 여성의 지위 상승과 발전에 대한 기준은 얼마나많은 여성들이 교육을 받았고, 공적 영역에 참여하는가에 있었다. 이것은 여전히 지금도 여성 발전을 측정하는 중요한 발전의 방향이지만, 세기말의 페미니스트들은 근대의 틀을 당연한 것으로 전제하면서 그 틀속에서 주어지는 기준을 획득하기 위한 여성들의 노력은 처음부터 남

성과 같아질 수 있는 소수의 여성을 위한 것이지 여성 모두를 위한 것
일 수 없다고 보았다.

여기서 등장한 말이 '끼어들기와 새판 짜기'다.[9] 근대적인 틀에 여성
들이 통합되어 권리와 평등을 획득하는 노력을 해야 하지만, 여성해방
혹은 새로운 여성의 미래는 기존 사회에 통합되는 것으로 충분하지 않
다는 것이었다. 새로운 판, 즉 평등과 차이의 딜레마는 선택의 문제가
아니고, 이러한 가치가 내포되는 포용적 틀을 짜는 것이 페미니즘의 과
제임을 역설하는 말이었다.

더 나은 논쟁을 제안하는 페미니스트 크리틱

나는 근대의 지식이 이미 서구/남성/백인/중산층 중심성에 깊이 침윤
되어 있다는 비판이 본격화된 시기에 인류학과 여성학을 공부했다. 그
래서 내가 대학에서 가르치는 페미니즘 연구는 권리·자유·평등·해방
을 지향하는 근대 프로젝트인 동시에 근대의 보편적이고 일반적인 이
상과 개념이 모두에게 진실이거나 해방적 지식이 아니라는 포스트모던
프로젝트로서의 여성학이었다. 때문에 비판으로서 페미니즘이 시도하
는 대표적인 실천은 규범이나 사회의 조직 원리와 지배 체제의 남성 중
심성, 여성의 경험이나 삶의 조건에 개입되어 있는 젠더 정치에 대한
인식의 부재 혹은 결핍 그리고 성별의 차이가 만들어내는 차별적인 권
력 효과에 대한 무지에 초점을 맞추는 것이다. 그래서 여성학은 기본적
으로 근대적 지식 체계를 구성하는 인식론적 틀에 대한 도전이었고, 새

더 나은 논쟁을 할 권리

로운 앎을 구성하는 맥락을 만들어내는 비판이어야 했다.

　그러나 모든 개인의 무한경쟁, 모든 삶의 영역에 시장논리가 침투하는 시장사회의 도래, 사회적 가치의 경제화, 사회적인 것의 축소 혹은 소멸, 기업가적인 태도와 기업 통치 원리를 접수한 국가 등의 등장으로 특징지어지는 신자유주의 체제의 도래는 가부장적 젠더 관계를 변화시키고 있다. 젠더 정치학이 신자유주의 통치와 연계되어 여성들의 의도하지 않는 젠더 권력 체계에 대한 도전 등을 만들어내기도 한다. IMF 금융위기 이후 한국 사회에서의 젠더 정치는 단순히 가부장제 젠더 권력 체계만이 아니라 금융화, 신자유주의 시장, 경제화된 국가와의 관계, 법의 시장화에서 이제까지와는 다른 방식으로 젠더화된 주체가 계급, 연령, 국가, 지역, 인종, 섹슈얼리티, 교육, 외모, 법 같은 조건들과 재조합되면서 새로운 방식의 젠더 권력 체계를 만들어내고 있다.

　이 책에서 사용하는 '크리틱'은 바로 이러한 새로운 권력 관계를 둘러싼 권력/진실의 정치를 드러내는 개념이다. 권력 관계는 계속 변화한다. '여성'이라는 범주는 우리가 여성임을 인식하고 정체화하는 것에 상관없이 사회적인 범주로 이미 우리의 신체 외부에 그 의미와 사용 범례들이 존재한다. '나' 여성은 여성에 대한 의미를 만들어내는 최초의 행위자가 아니다. 이미 만들어져 있는 여성에 대한 의미를 몸에 체현하고, 거기에 종속되고 또 저항하고 거부하고 변형시키는 주체다. 이러한 맥락에서 이 책은 신자유주의 체제가 도래한 한국 사회의 젠더 체계에 대한 페미니스트 비판을 시도한다. 이 책의 필자들은 기존의 여성주의 질문의 틀과 규범, 논리의 한계를 드러내면서 현재 우리가 알고자 하는 여성을 둘러싼 사회적 현실에 대한 '또 다른', '계속되는' 물음을 어떻게 구성해야 하는지를 모색하고 있다.

이 책의 필자들은 지난 20년간 석사과정과 박사과정을 나와 함께하면서 크고 작은 프로젝트와 새로운 여성주의 담론을 만드는 여러 연구회에 함께 참여했고, 그 과정에서 석사논문과 박사논문을 썼다. 이들은 모두 인생의 한 시점에서 나의 제자였던 페미니스트 연구자들이다. 이들은 한국뿐만 아니라 아시아 지역에서 현지 조사를 함께 다니고, '여성' 범주를 비롯하여 근대와 지식 권력, 서구와 식민주의, 지구화와 이주 등을 연구하는 프로젝트에 참가하면서 동아시아와 근대, 국민국가, 젠더 정치학, 섹슈얼리티 등을 함께 논하고, 동아시아의 페미니스트들과 네트워킹을 했던 초기 제자들이다.

1997년 여성 인권의 관점에서 국가 폭력에 대한 문제를 제기한 '여성과 인권연구회'의 간사였던 정희진과 권김현영은 제주와 광주, 오키나와를 함께 다니면서 국민국가의 건설과 민족주의, 국가 폭력과 후기 식민지 문제를 공부했다. 근대 한국 사회에서 여성의 재현과 젠더 체계를 연구한 신여성 프로젝트와 1950년대 여성 문화의 정치경제학 연구에는 권김현영과 김신현경, 김주희가 참여했다. 우리는 동아시아의 근대 현장을 방문하고 연구자 네트워킹을 함께했다. 김정선, 이해응, 민가영은 지구화와 이주 연구를 함께했다. 특히 이해응과는 이주 연구를 오랫동안 함께했고, 중국 여성 연구를 위해 중국의 여러 지역을 함께 다녔다. 서정애와는 재생산 건강을 사회적 권리의 장 속에서 논하는 프로젝트를 같이했다. 김주희, 김애라, 민가영과는 10대 여성의 섹슈얼리티와 주체성 연구를 함께했다. 오랫동안 현지 조사와 연구 작업을 함께해

온 김정선의 글이 개인적 사정으로 수록되지 못한 점은 안타깝게 생각
한다.

이 책에 실린 논문들은 길지 않다. 그렇기 때문에 별도의 요약이나
주요 개념을 제시하는 것은 생략하고, 대신 엮은이의 입장에서 필자들
이 어떠한 논점을 강조하고 싶어 하는가에 초점을 맞추어 간단히 소개
하고자 한다.

권김현영의 〈성폭력 폭로 이후의 새로운 문제, 피해자화를 넘어〉는
우리 사회에서 성폭력 문제가 어떤 방식으로 피해와 가해 당사자 간의
분쟁으로 축소되어왔는지에 대해 비판적 개입을 시도하는 글이다. 성
폭력 피해자는 해당 사건의 당사자일 뿐 아니라 사회 전체의 변화를 요
구하는 사람이다. 하지만 기존의 틀에서 피해자는 오직 고통의 담지자
에 머물러 있기를 요구받는다. 권김현영은 오직 피해자로서만 말할 수
있는 상황을 만들어낸 사회가 바로 '피해자화'라는 현상을 만들어낸 주
범이라고 보고, 고통 자체에 의미를 부여할 것이 아니라 고통을 만들어
낸 조건 자체를 질문해야 한다고 주장한다.

정희진의 〈여성이 군대 가면 평등해질까: 신자유주의 시대의 병역과
젠더〉는 양성평등 차원에서 여성도 군대를 가야 한다는 남성과 여성
모두의 주장이, 실제로는 한국 사회의 젠더와 계급 차이를 어떻게 은폐
하고 있는가를 국방 개혁 담론 속에서 다루고 있다. 현재 군 입대는 권
리와 의무, 성원권 논쟁에서 취업과 자기 계발의 차원으로 이동하고 있
다. 이때 젠더, 계급 권력 관계는 한반도의 변화하는 국가 안보 현실과
어떻게 맞물리고 있는가를 질문한다. 정희진은 신자유주의 시대 병역
은 '군대=남성성'으로만 환원되지 않으며, 군대와 평등의 근본적인 연

결 고리 자체를 질문할 것을 제안한다.

김주희의 〈성매매 여성 '되기'의 문화경제〉는 비싼 소비 상품을 구입하는 여성들이 경제생활에서의 기생성과 연관되어 혐오의 대상이 되는 현실에 개입하고 있다. 김주희는 성매매 여성들의 여성성 상품화 과정에 대한 장기간 깊이 있는 현지 조사를 통해, 성매매 여성의 소비가 성매매 시장에서 요구되는 여성성을 구매하고 소비하는 성산업 경제의 맥락 속에 위치한 것임을 드러내고 있다. 그러므로 여성성 그 자체는 성매매 여성들의 생산 요소이고, 그것은 다시금 거대한 성산업의 구조에서 생산되는 것이다.

민가영의 〈신자유주의 시대 10대 여성의 자기 보호와 피해〉는 생존을 위한 자기 보호를 10대 여성의 행위성이라고 접근했던 기존의 여성주의 논의를 성찰하고 있다. 보호주의와 자기결정권의 이분법을 넘어서서 10대 가출 여성들이 놓여 있는 구조적 위험의 문제에 페미니스트 연구자들이 개입해야 함을 요청하고 있다. 민가영은 피해와 자발성, 보호와 처벌 등 기존의 접근으로 10대 여성들의 경험을 재단하고 자르고 축소하고 은폐하던 것에서, 10대 여성들의 삶의 구체성과 사회적 책임, 윤리적 접근에 대한 논의의 장을 제안한다.

김신현경의 〈여자 아이돌/걸 그룹과 샤덴프로이데: 아이유의 《챗셔》 논란 다시 읽기〉는 여성주의 문화 연구가 여성 팬들의 대중문화 소비에 적극적인 의미를 부여하거나 혹은 피해자화해온 것에 대해 문제 제기를 하고 있다. 대중문화 산업이 아이돌/걸 그룹의 이미지를 관리하고 또 팬들의 대중 감정까지를 포섭해내는 신자유주의 체제에서 소녀의 젊음과 육체에 대한 환호와 혐오는 그 자체로 젠더의 권력 관계를 만들어내는 것으로 해석되어서는 안 되고, 대중문화를 둘러싼 다른 영역들과의 관계 속에서 그 의미가 해석될 필요가 있다고 주장한다. 특히 이 글에서 김신현경은 신자유주의 체제가 강화하는 타인의 불행과 추락을 바라고 기뻐하는 마음인 '샤덴프로이데'라는 대중 감정의 작동을 생각해볼 때 여자 아이돌/걸 그룹의 성적 육체를 둘러싼 정치는 더 많은 여성들의 대중문화 소비 그리고 여성 아이돌의 더 많은 노출과 성적 쾌락이 해방적인 젠더 정치로 귀결되지 않음을 드러내고 있다.

김애라의 〈10대 여성의 디지털 노동과 '소녀성'〉은 화장, 다이어트, 성형, 여행이나 카페 투어 등에 대한 정보를 열정적으로 전시하고 교환하고 공유하는 소셜 미디어 이용자인 10대 여성들이 어떻게 자발적인 상품의 광고판이 되어 수익을 만들어주는 자발적 생산자가 되는지를 드러내고 있다. 적극적인 소셜 미디어의 소비자로 부상한 10대 여성들이 소셜 미디어를 굴러가게 하는 콘텐츠 생산자이자 광고 시장의 새로운 자원으로 등장하고 있고, 이들의 '좋아요'와 정보 전시 및 공유는 소셜 미디어의 알고리즘과 필터 버블(Filter Bubble)로 만들어진 세계를 구축하고 있다는 것이다. 학교나 제도화된 훈육의 장을 대신하는 소셜 미디어 세계에서 10대 여성들이 자유와 자율을 만끽하고 있다는 접근은 이제 10대 여성들에게 허락된 자유의 조건이 무엇이고, 그들이 어떠한 권력 관계, 통치 체계 속에 있는지를 질문해야 함을 지적하고 있다.

서정애의 〈저출산 담론과 젠더: 여성주의 비판과 재해석〉은 현재 한국 사회가 직면하고 있는 저출산에 대한 위기 담론 및 해결 방안이 저출산을 인구 문제로 접근하고 있음을 드러내고, 인구 정책으로는 저출산 정책을 비판할 수 없다고 본다. 현재 저출산 정책에는 변화하는 사회적 현실 속에서 여성들의 욕구나 여성들의 삶의 변화가 전혀 고려되지 않고, 자녀 양육 역시 경제적인 문제로 접근한다. 양육의 사회적 책임이나 출산이 변화하는 사회 속에서 어떤 의미를 가질 수 있는가에 대한 전망이 부재함을 비판하고 있다.

이해응의 〈다문화 시대 이주 여성의 이름과 젠더〉는 필자 자신이 이주자로서, 자신의 경험과 이주민 연구에서 얻은 지혜를 가지고 이주의 시대에 어떻게 이주민과 함께 살 것인가에 대한 새로운 윤리 의식을 제안하고자 한다. 이주자들의 정주 혹은 주민화를 전제하지 않은 한국 사회의 '다문화' 정책의 공허함을 비판하고 이주자들은 마치 아무것도 가지고 오지 않은 것처럼 여기는, 그들의 자원과 능력을 한국 사회로 초대하지 않는, 한국 사회의 자기 문화 중심성을 지적하고 있다. 이해응은 서로가 공존하고 자원을 인정하고 향유하는 교차문화 윤리를 제안한다.

이 책의 글들은 한국 사회의 젠더를 이론화하고, '더 나은 해결'을 위한 논쟁, 문제 제기의 방식, 논의 방식을 모색한다. 이를 위해 필자들은 각기 다른 방식으로 문제 제기를 시도하지만, 전체적인 공통점은 젠더 정치에 대한 기존의 사유 방식과 문제화의 틀 자체의 변화를 요구하고 있다는 것이다.

이미 한국 사회에서 페미니즘의 문제는 '피해자 여성'에 대한 논의를 넘어 제2, 제3의 라운드를 맞고 있다. 여성과 남성의 차이와 차별, 여성들 간의 차이 그리고 차이를 끊임없이 만들어내고 그 자체가 생산되고 구성되는 맥락 속에서 여성들이 경험하는 차별과 종속, 착취 그리고 행위성의 증대와 임파워먼트(empowerment, 권력화)가 있게 된다. 이러한 맥락에서 여성주의는 여성에 대한 지식, 남성에 대항하는 지식이라기보다는 젠더 정치학의 관점에서 새로운 세계를 제안하는 지식 혹은 논의이고, 사회와 문화에 대한 비판이다. 새로운 세계는 새로운 질문으로부터 시작될 때 가능하다는 믿음 아래, 이 책의 글들은 바로 이 지점에서 출발, 이후 논의를 전환하고 확장할 것을 주장한다.

○

1장

성폭력 폭로 이후의 새로운 문제,
피해자화를 넘어

권김현영

○

이야기로 만들어질 수 없는 파편,
말이 되지 못한 기억,
육체 기관들의 심리적 상태가
자아에 통합되지 않고 불거지는 증상은
어떻게 할 것인가?
사법기관에서 거절당하고,
사회에 낙인찍힌 경험은
어떻게 말해질 수 있는가?

○

여성이 성과 사랑과 관련된 '문제'를 공론장에서 말하려 할 때는 세 겹의 어려움을 겪는다. 우선은 왜 개인의 문제를 군이 공론장으로 끌고 오는지 모르겠다며 거북해하는 시선을 견뎌내야 하고, 이를 통해 부당 이득을 취하려 한다는 의심을 받으며, 결국은 그 자체로 스캔들이 되어 버리기 일쑤다. 성과 사랑을 둘러싼 문제들이 가족 안에서 일어나면 그 문제는 가족 내부의 일이므로 바깥에 이야기하면 안 되고, 가족 바깥에서 일어났을 때는 남성에게는 사생활로 보호되고, 여성에게는 스캔들로 내쳐진다. 남성 사회를 유지하기 위한 이러한 이중 장치는 여성들의 입을 효과적으로 틀어막는다. 이런 이유로 여성이 성과 사랑을 둘러싼 '문제'에 대해서 말할 수 있는 공간은 아주 오랫동안 존재하지 않았다. 여성이 겪는 폭력이 가시화되기 어려운 이유다.

　문제는 공사 영역의 구분 자체에 있는 것이 아니라, 이 구분에 따른 이득을 얻는 것이 오로지 (제도로서의) 남성이라는 데 있다. 한국 사회에서 남성들은 자신의 성적인 경험에 대해 언제 어디서나 때와 장소를 가리지 않고 말한다. 대통령, 장관, 고위 공무원에 이르기까지 어떤 남성 집단에서도 이런 발화 자체가 금지된 적이 없었다. 2017년에야 비로소 그런 말을 하는 사람은 공적 업무를 수행하기에 부적절하다는 문제 제기가 공론장에서 '가능'해졌다.

물론 아직도 문제 제기 수준이지, 사회적 합의에는 도달하지 못했다. 나는 "미국 여자들이 강간은 섹스의 문제가 아니라 폭력의 문제라는 사회 인식의 확립에 거의 성공을 거두면서 남자들이 강간에 대한 농담을 말하지 않게 되었다."[1]라는 프랜시스 올슨(Frances Olsen)의 문장을 읽으면서 한국에서는 이런 수준의 합의에조차 도달하지 못했다는 데에 새삼 분개했다. 한국의 최상층 남성 '엘리트들'은 아직도 사생활과 성범죄를 구분하지 못하고, 나이트클럽에 가는 것과 룸살롱에 가는 것의 차이를 알지 못한다. 아니, 남성 중심 사회의 핵심 특권은 바로 이런 '무지'할 수 있는 권력 자체에 있다.[2] 그렇지 않으면 본인의 이름으로 나오는 책에 버젓이 성범죄를 고백하고, 미성년 시절의 잔인한 성적 모험을 상대방의 동의 없이 공개하는 일이 가능할 리 없다.[3]

"개인적인 것이 정치적인 것"이라는 페미니즘 제2물결의 슬로건은 모든 사생활을 폐기하고 공적인 것으로 만들겠다는 의미가 아니었다. 비록 사생활이라고 할지라도 부당한 폭력이 있었다면 더는 개인적인 문제로 둘 것이 아니라 사회의 법과 제도가 개입해야 한다. 이 정도의 상식조차 사회적 합의를 보지 못한 상태가 우리 사회의 현실이다.

하지만 개별 여성들은 대중 교육과 제도적 평등의 결과로 권리에 대한 의식이 이전과는 비교할 수 없을 정도로 높아졌다. 사회적 합의와 여성의 상식 사이의 거리가 점점 벌어지고 있는 상황에서, 피해자라는 자기 인식은 부메랑이 되어 돌아오고 있다. 억압 경험의 공통성을 중심으로 여성 정체성의 정치학을 펼쳐왔던 한국의 페미니즘 1세대의 역사는 새로운 목소리들의 등장 이후에 갱신을 요구받고 있는 상황이다. 피해에 대해 말한 다음에는 어떤 일이 벌어졌는가.

폭로, 그 이후

한국에서 성폭력 피해에 대한 집단적 말하기가 처음 시도된 시기는 2003년이었다. 이후 정기적으로 '성폭력피해생존자 말하기대회(speak-out)'[4]가 열리고 있다. 이 행사가 계속 유지되고 있는 것 자체가 역설적으로 우리 사회에 성폭력 피해 경험을 말할 수 있는 장소가 없다는 사실을 증명한다. 안심하고 말할 곳도 없고, 들어주는 사람도 없는 사회에서 성폭력 피해를 공개적으로 말하는 일은 여전히 쉽지 않다. 강조하건대, 이것은 피해자의 용기와 관련된 문제가 아니다. 그 말을 들어줄 청중이 있는지, 그 증언은 사회적인 기억이 될 수 있는지 등이 여전히 의문투성이이기 때문이다.

하지만 소셜 네트워킹 서비스(SNS)의 등장 이후 적어도 말할 수 있는 '장소'는 이제 더는 문제가 아니게 되었다. 2016년 트위터에서 시작된 '○○ 내 성폭력' 해시태그는 말 그대로 한국 사회를 뒤흔들었다. 사진계, 미술계, 영화계, 문단 등 특히 문화예술계 내 성폭력 고발자들이 피해 경험을 폭로했다. ○○ 내 성폭력 말하기, □□ 내 여성 혐오 고발하기 등의 이름으로 이어진 온라인 이어말하기는 무엇보다도 해당 집단의 구성원인 피해자들이 직접 상황을 폭로했으며, 한 명의 개별 피해자가 아니라 집단이었다는 점에서 '우리' 안에 만연한 성폭력과 그것을 가능하게 했던 강간 문화를 고발하는 데 일정 정도 성공을 거둔다. 처음에는 온라인 공간에서 가능했던 '익명'의 힘으로 여론의 관심을 주목시키는 데 성공했고, 이를 수신한 '실명'의 당사자들이 문화예술계 내에 성차별과 성폭력 문제가 분명히 있다고 적극적으로 응답하고 구체적인 조직들[5]을 만들었으며, 우리 사회는 그 어느 때보다 적극적으로 이런 목소리에 귀를 기울이는 것처럼 보였다.

하지만 절반의 성공이었다. 가부장적 규범이 지배하는 사회에서 이질성을 가진 존재들이 연대해 다른 목소리를 내는 데 성공하는 일은 매우 드물다. 김은실은 한국의 남성 지식인 사회는 남성은 제도이며 집단이고 국가이자 법 그 자체로, 여성은 외부자로 취급해왔다고 분석한다.[6] 김은실의 지적대로, 남성 동맹(male-bonding)에 기초한 특권을 누리는 남자들은 성폭력에 대한 고발이 남성 사회 전반의 문제로 비화되지 않도록 개별 남성을 희생시키고 문제적인 여성 집단의 합리성과 객관성을 끊임없이 의심하며, 결국 문제를 사적이고 사소한 것으로 만든다.

○○ 내 성폭력 해시태그 운동은 이러한 남성 사회의 '꼬리 자르기 전략', 즉 가해자를 재빨리 분리하고 피해자를 고립시키는 방식을 불가능하게 만들었다는 점에서는 이전과는 다른 진전을 이루어냈다. 하지만 피해자의 목소리를 모으고 의료와 법률 비용을 지원하기 위한 모금 프로젝트를 진행하는 과정에서 무엇이 진정 피해자를 위한 것인지, 누가 이런 프로젝트를 진행할 자격이 있는지 등이 쟁점으로 제기되었다.[7] 프로젝트를 위한 사전 모금이 대성공을 거둔 후, 프로젝트 팀과 함께 일하고 있는 페미니즘 독립 출판사의 구성원 가운데 한 명과 5년 전 연인이었다는 사람이 등장해 당시의 데이트 폭력을 폭로하면서 그가 프

로젝트에서 하차할 것을 요구했다. 그가 해당 프로젝트에서 하차한 이후에는 출판사를 비롯해 피해자를 지원하기 위해 모인 팀이 일하는 방식, 편집자의 수정 요구 등등을 두고 위계를 이용한 폭력이라는 문제 제기를 지속했다. 편집자가 피해 고발자의 글을 수정하거나 수정을 제안한 것이 피해자의 고통을 존중하지 않는 일이라는 문제 제기마저 있었다.

이 과정에서 가장 큰 논란이 된 것은 '대리인' 문제였다. 이 대리인들은 피해자의 증언을 듣고 충실하게 전달하는 역할을 요구받았는데, 중간에 피해자의 의사를 조금이라도 과잉/과소 전달하는 일이 생기면 피해자의 요구에 의해, 혹은 본인의 의지로 하차하는 일이 반복되었다. 또한 매일매일 새로운 이슈로 흘러가는 소셜 네트워크 서비스에서는 무엇보다도 '속도'가 중요한데, 이런 상황에서는 사건의 전후 관계를 제대로 파악하기조차 어렵기 때문에 대리인 문제는 사과—하차 등과 같은 '매뉴얼'대로 해결될 수밖에 없었다.[8] 많은 경우 근거는 오직 피해자가 호소하는 고통 그 자체에 있었다. 그리고 그 고통에 빠르게 반응하고 공감하는 이가 또 다른 대리인이 되어 피해자의 상황을 전달하는 역할을 맡았다.

나는 반(反)성폭력 운동에 관여한 지난 20년 동안 한 달에 최소 1~2회 이상 사건 지원과 대리인이 되어달라는 요청을 받고 있다. 가장 절박한 도움 요청은 주로 피해자 대리인들이 보내왔다. 가까운 친구가 겪고 있는 불행과 부정의에 분개해서 대리인을 맡게 된 이들은 피해자와 가해자와의 관계 모두에서 혼란을 겪고 있었다. 내 메일함에는 '피해자의 감정은 계속 변하고, 가해자는 늘 예상보다 더 비겁하고 비열한데

도대체 어떻게 해야 하냐며 선생님이 이 사건을 좀 맡아달라'고 부탁하는 길고 긴 몇십 통의 메일이 있다. 나는 길고 긴 거절의 메일을 보내기도 하고, 몸과 마음의 여유가 없을 때는 "저는 걸어 다니는 상담소도 아니고, 그분의 친구도 아니잖아요. 저한테 복수를 해달라고 하시면 어떻게 합니까?"라는 하소연이 담긴 짧은 답장을 보내기도 했다. 그래서 이 글은 이런 상황이 켜켜이 쌓여서 쓰게 된 늦은 답장이기도 하다. 오랜 고민 끝에 나는 이 문제의 핵심에는 고통에 연대하는 정치와 피해자화의 문제가 있다고 생각하게 되었다.

피해자화라는 문제

정희진은 성폭력 피해 여성들이 말하지 않으려고 하거나 말하기를 두려워하는 것이 아니라 "어떻게 말해야 할지 모른다."라고 쓴 바 있다. 언어가 없다는 것이다.[9] 한국 사회는 여성의 피해와 고통의 심각성을 인정하거나 공감하지는 않으면서 여성을 피해자로 만드는 데는 익숙하다. 피해자학에서 말하는 피해자화(victimization)란 보통 일정한 원인에서 범죄에 이르는 일련의 과정을 의미하는 범죄화(criminalization)에 대응하는 개념[10]으로서, 피해 발생에 이르게 된 일련의 과정을 추적하기 위해 만들어진 개념이다. 피해자학 자체가 여성 범죄 피해자들이 사법 시스템 속에서 겪는 문제에 대한 관심에서 출발하고 있는데, 그중에서도 '여성의 피해자화' 문제는 세 가지 차원으로 전개된다.

첫째, '여성의 피해자화'는 전형적인 피해자 책임론이다. 여성이 강간을 당했다면 그럴 만한 원인을 제공한 책임도 있다는 것이다. 밤늦게 돌아다녔는가, 술을 마셨는가, 옷차림이 어땠는가, 성적 농담을 즐기는가, 위험한 곳에 부주의하게 들어갔는가 등등. 이러한 피해자 책임론은 이중 기준과 문화적 압력을 넘어 범죄 여부에 대한 사법부의 판결까지 좌우한다. 1989년 미국 플로리다주에서 일어난 스티븐 로드(Steven Lord) 사건의 경우, 가해자가 강간 사실을 시인했는데도 피해자가 미니스커트를 입고 그 안에 속옷을 챙겨 입지 않았다는 이유로 법원은 무죄를 판결했다.[11] 피해자의 옷차림에 책임이 있다는 시각은 지금도 지속되고 있다. 2011년 캐나다 토론토 경찰은 대학생을 대상으로 성폭력 예방 교육을 하면서 성폭력을 당하지 않으려면 '창녀(slut)'처럼 입지 말아야 한다고 말했다. 이에 격분한 여성들은 피해자에게 강간의 책임을 묻는 문화에 집단적으로 저항하며 '슬럿 워크(slut walk)' 시위를 열었다. 이 시위는 한국을 포함해 전 세계 30여 개국에서 2011년부터 3~4년간 열렸는데, 시위에서 참여자들이 가장 많이 외친 구호는 "내 옷차림은 내 마음"이며, "성범죄의 책임은 가해자"라는 내용이었다.

둘째, '여성의 피해자화'는 피해자다움을 강요하는 문제로 이어진다. 그 일이 정말 피해였다면 고통스러울 것이 분명한데 당신은 어째서 충분히 고통스러워 보이지 않는가, 다음 날 멀쩡하게 학교를 갔고 출근을 했으며 친구들과 식사를 했다고 하는데 진짜 피해자가 맞는가? …… 이런 질문들, 익숙하지 않은가? 피해를 주장하기 위해서는 충분히 피해자다울 것이 요구된다. 여기에서 말하는 피해자다움이란 고통받고 있음을 끊임없이 호소할 것, 결코 행복해지지 말 것, 수동적이고 무기력한 존재라는 점을 드러낼 것을 포함한다. 내가 만난 집단 성폭력 피해자인 희은(가명, 17세)은 "쟤가 걔야."라는 식의 '뒷담화'는 그래도 예상한 것이지만, 웃고 있는 자신의 옆을 슥 지나가며 '그런 일이 있고도 웃음이 나오느냐'는 식으로 수군거리는 건 정말 견디기 어려웠다고 한다. 결국 전학을 가기로 결정한 희은은 "제가 잘못한 거 아니니까 그게 창피해서가 아니고요. 제가 웃고 떠들 때마다 사람들이 쳐다보는 게 힘들어서 그래요."라고 말했다. 객관성과 합리성을 담보해야 하는 법관들조차 사건이 일어난 직후에 바로 증거를 수집하고 경찰에 신고하고 병원에 찾아간 피해자의 행동을 "너무 합리적"이라는 이유로 "피해자답지 않다."라고 의심한다. '여성의 피해자화'는 성폭력을 여성이 자신의 욕망을 제대로 통제하지 못한 결과 위험 상황에 자신의 몸을 노출한 (당사자 자신의) '부주의' 문제로 만들어버린다.

셋째, 피해자화의 또 다른 문제는 저항할 수 있는 집단적인 힘을 상실케 하는 데 있다. 여성의 몸에 대해 남성 중심 사회가 부여한 구조적 제약을 수용하며 스스로 보수적인 편이라고 말하는 여성들은 강간 피해에 일상적으로 노출되어 있는 여성의 몸을 보호하기 위해서는 (여성 스스로와 남성의) 욕망이라는 위험을 제거해야 한다고 생각한다. 문제는 이들이 때로 가장 적극적으로 피해자 비난에 합세한다는 점이다.

피해자는 과거에, 가해자는 미래에

법정에서는 피해자의 고통을 강조하며 "영혼의 살해", "씻을 수 없는 상처"라는 말로 가해 행위의 유해성을 강조한다. 성폭력 피해 경험은 종종 평생 잊기 어려운 후유증을 남긴다. 특히 아동 성폭력의 경우 더욱 심각한 후유증을 남기는 것으로 알려졌다. 그러나 후유증에 대한 강조가 '여성과 아동의 피해자화'라는 사회적 태도와 만나게 되면, 또 다른 문제가 발생한다.

피해자는 자신의 감정과 상태가 피해자다운지에 대해 계속 살핀다. '영혼이 살해'된 사람은 과연 남은 인생을 어떻게 살아가야 하는가. '씻을 수 없는 상처'라는데 왜 나는 괜찮은가. 괜찮아도 되는가. 나는 피해자가 맞는가. 이런 의심 말이다. 이렇게 피해자의 '고통'에 집중하는 것은 다시 피해자를 과거의 사건 바로 그 순간에 살도록 만든다. 피해자의 미래는 이미 기대할 수 없는 것으로 취급된다.

반면 가해자는 사건은 이미 과거에 일어났으며 자신에게는 미래가 있다고 주장한다. 가해자의 말은 변호사에 의해 가해자가 초범이고, 사회적으로 명망이 있거나 촉망받는 미래의 인재라는 방식으로 인용된다. 법관들은 가해자의 미래를 판결에서 고려해야 할 중요한 요소로 취급한다. 그 결과 피해자는 과거에, 가해자는 미래에 있게 된다. 성폭력이 어떤 사회적 해악을 만드는지에 대해서는 수많은 목록을 이야기할 수 있지만, 나는 개인적으로 이 점이 가장 부정의하다고 생각한다.

피해자가 얼마나 고통스러웠는지를 증언하는 일은 고통을 경쟁하고 증명하라는 함정에 빠지게 되고, 그 결과 고통 자체가 정체성이 되기도 한다. 여성은 모두 잠재적 피해자라는 식의 말을 통해 여성들에게 피해 경험의 공통성을 강조하기 때문이다. 이때 여성의 몸은 그 자체로 선피해(pre-victim)의 준거지가 된다. 피해를 경험한 몸은 '손상된 물건'으로서 공간화된다. 이때 개별 여성의 몸에서 경험되는 피해는 개인이 감당해야 하는 문제가 되지만, 피해를 당한 여성의 몸 자체가 집단의 서사적 기억 속에 각인되기도 한다. 최혜영은 "여성의 몸은 정치적 '우리'의 형성을 돕는 스펙타클이며, …… 이때의 시각은 당연히 남성적이며 여성은 대상화·공간화"된다고 설명한다.[12] 여성의 몸의 경험은 정치 공동체가 공유하는 초역사적이고 반복적인 기억이 되지만, 시간-서사-역사를 가지지 못한 개별 여성들은 피해자의 자리를 두고 경쟁하게 된다.

이런 피해자화의 해악은 너무도 커서 집단적 말하기의 힘을 부수고 개별 피해자들의 고통 경쟁으로 손쉽게 변질되곤 한다. 가부장적 규범과 강간 문화를 통해 가해 중심적 사유가 굳어져 있는 사회에서 개인의 저항은 대부분 실패한다. 개인이 관행이나 인습을 바꿀 수는 없기 때문이다. 오직 집단이 전체적으로 행동해야 가능한 부분이 있다.

하지만 고통 경쟁의 방식은 피해자들의 연대를 불가능하게 한다. 몇 해 전에는 자신을 아동 성폭력 피해 생존자라고 소개한 사람이 조직 내 성희롱 문제를 제기한 다른 피해자에게 '당신의 그 문제 제기가 자신의 고통을 사소하게 만든다'는 글을 모 진보 매체에 싣기도 했다. 이러한 고통 경쟁은 성폭력 문제의 초점을 사회적인 문제가 아니라 개별 피해의 고통으로 되돌린다. 물론 그것은 그것대로 의미가 있는 일이다. 개별 피해의 고통이 제대로 들려지지도 않은 상태에서 사회적인 문제 운운하는 운동과 이론이 피해자를 도구화한다는 비판이 있기도 할뿐더러, "모든 슬픔은 그것이 이야기로 만들어진다면 견딜 만한 것"[13]이 되니까 말이다.

특히 트라우마를 야기한 사건의 경우 이야기로 만들어지지 않고서는

더 나은 논쟁을 할 권리

시간이 흐르지 않는다. 이야기되어야만 비로소 경험에 시공간이 부여되고, 경험이 해석될 수 있는 지점(site)이 만들어지고, 시간이 흐르게 된다. 하지만 이야기로 만들어질 수 없는 파편, 말이 되지 못한 기억, 육체 기관들의 심리적 상태가 자아에 통합되지 않고 불거지는 증상은 어떻게 할 것인가? 사법기관에서 거절당하고, 사회에 낙인찍힌 경험은 어떻게 말해질 수 있는가?

누구를 위한 지식인가

김은실은 제주 4·3 사건을 겪은 '홀어멍'과의 인터뷰를 진행하는 과정에서 맞닥뜨린 어려움에 대해 "피해자들의 경험이나 기억의 재현은 파편화돼 있고 부분적이며, 말할 수 없음과 듣는 자에 대한 의심 그리고 경험을 설명할 언어의 부족이라는 문제에 부딪혀 있다."라고 쓴다. 피해자들은 끊임없이 자신이 겪은 이야기가 들어줄 만한 이야기인가를 생각하며, 들어줄 만한 적합한 사람을 선택한다. 말하기와 듣기는 매우 선택적인 상황에서 이루어지며, 그것이 이루어진다고 해도 상상을 초월하는 경험에 대해서 말할 수 있는 언어는 턱없이 부족하다. 이에 김은실은 "어떻게 특정한 공간과 시간 속에서 경험한 피해를 들을 수 있을 것이며 소통할 수 있을 것인가 그리고 어떻게 개인의 기억이 삶의 공동체와 공유되고 공동체의 역사적 지식이 될 수 있을 것인가."에 대한 체현(embodiment)의 인식론이 필요하다고 말한다.

고통에 대해 '말하기'란, 경험이 들리는 자리를 만들고 개인의 기억이 공동체의 역사적 지식이 되도록 만드는 '정치'다. 이는 얼마나 아픈지, 그 고통이 진짜인지 등 고통 자체의 물질성이 아니라 고통이 놓여 있는 맥락에 대한 이해가 필요하다는 뜻이며, 이는 '말을 통한 앎'을 중심에 놓는 인식 및 해석 체계를 넘는 새로운 인식론이 필요하다는 의미다.[14]

일례로, 성폭력 피해자들이 겪는 후유증 가운데 자신을 '손상된 물건 (damaged good)'이라고 생각하는 증상이 있다.[15] 가해자가 자신의 욕망을 채우기 위한 수단으로 피해자의 몸을 이용했고, 그 몸은 이미 더럽혀졌다는 사회문화적 해석을 반복적으로 주입하면, 피해자는 자신이 '이미 손상된 물건'이라고 생각하게 된다는 것이다. 이는 피해자가 상처 입은 나머지 비합리적으로 자신을 비하하기 때문에 생기는 일이 아니다. 피해자가 그런 상태에 놓여 있기를 사회가 바라기 때문이다.

예를 들어 아동 성학대의 심각성을 강조하는 공익광고에서는 구겨진 종이가 자주 등장한다. "한 번 구겨진 마음은 다시 깨끗하게 펴지지 않습니다."라는 메시지와 함께 아동 성폭력을 예방하자는 캠페인을 벌이는 단체도 있다.[16] 이 문구는 누구에게 말을 거는가? 가해자의 선의에 호소하기 위한 것인가? 아니면 당사자가 아닌 이들에게 심각성을 환기하기 위한 것인가? 확실한 것은 피해자를 위한 메시지는 아니라는 것이다. 이런 이미지와 문구는 피해자의 고통을 시각화하여 사물화하고, 궁극적으로는 불가역적인 문제로 만든다. 나는 이런 캠페인의 이면에는 '그 고통이 진짜라면 그 정도의 후유증은 겪게 되지 않겠어?'라는 잔인한 '동정'의 마음이 도사리고 있다고 생각한다. 이때 당사자의 '고통'은 당사자가 아닌 이들에게 이 문제에 동참할 만한 연민을 발휘할 '이유'를 제공하는 용도로 사용된다.

원래 '손상된 물건 신드롬'이라는 용어는 여성주의 상담이론가들이 고투 끝에 길어낸 지식이다. 매번 다시 학대가 일어나는 집으로 돌아가는 아동과 남편의 구타를 견디고 있는 아내, 성폭력을 당하고 난 뒤 이미 더럽혀졌으므로 아무에게도 보호를 요청할 수 없다고 생각하는 10대 여성 들이 왜 자신은 이제 더 나은 선택을 할 수 없다고 생각하는 것일까? 여성주의 상담이론가들은 이런 행동을 자신이 물건으로 취급받았던 바로 그 경험에 고착되어 있기 때문이라고 설명한다. '손상된 물건 신드롬'이라는 지식을 통해 상담자들은 피해자가 유사한 행동을 반복하는 것에 대한 피로감과 무력감을 덜 수 있었고, 이것 자체를 문제로 인지하고 이에 대한 해석을 공유할 수 있었다. 이 지식은 상담자를 위한 것이자 피해자를 위한 지식이었다.

그러나 피해자의 고통이 어떤 말과 몸, 행동으로 드러나는지를 들으려 하지 않고 고통에만 초점을 맞추는 사람들은 다시 이 지식을 가져다가 가해자에게 말을 걸기 위해 사용한다. 피해자의 고통을 보라고, 그런 고통을 가하지 말라며 가해자의 '인간성'에 호소하고 설득한다. 왜 "한 번이라도 타인의 몸을 자신의 욕구를 해소하기 위한 도구로 취급한 사람은 돌이킬 수 없이 인간성이 손상된다."라는 식의 광고는 나오지 않는가? 가해자의 행위는 법적 처벌과 강간 문화라는 형식을 통해 해석되지만 왜 피해자의 경험은 고통으로서만 재현되는가? 그리고 이때 그 고통은 정말 의미가 있는 것인가?

'소통불가능함'에 대해

나는 기본적으로 인간은 타인이 경험한 고통을 '알 수 없다'고 생각한다. 고통은 자신의 몸으로 겪고 시간을 버텨내는 과정이다. 아우슈비츠 생존자인 장 아메리(Jean Améry)는 고문으로 "인간으로서의 존엄성이 손상된다."라는 식의 말에 동의하지 않는다. 고문당한 사람은 이 세계에 절대적인 지배자로서의 타인이 있다는 것을, 거기서 지배란 고통을 가하고 파멸시키는 권리로 드러난다는 것을 '경악'과 함께 경험한다는 것이다. 장 아메리는 이미 자유로운 상태를 가정하고 사유를 전개한 유럽 형이상학자들의 지식이 전혀 고통을 다루지 못하고 있다고 말하며, 고통 자체에는 아무 의미가 없다고 단언한다. 이 말은 강간에 대한 비유로 다시 이어진다. 그는 고문을 세상과의 신뢰, 타인이 나를 죽이려고 들 때 누군가 바깥에서 그러면 안 된다고 말해줄 것이라는 기대를 완전히 상실하는 경험이라고 설명하며 "고문, 그것은 두 당사자 중 한 사람의 동의가 없는 성행위, 즉 강간이다."라고 쓴다.[17]

이 문장은 강간 피해자들이 고문 피해자와 얼마나 같은지 혹은 다른지에 대한 말이 아니다. 이 문장은 오히려 강간 피해의 핵심은 "내가 동의하지 않았다는 것이 전혀 타인의 주의를 끌지 못했으며, 바로 그 점이 나라는 존재의 의미를 절멸시켰다."라는 점을 강조한 것이다. 성기가 삽입된 행위 자체, 그 행위가 야기한 고통 자체에 의미가 있는 것이 아니다. 세월호 사건부터 강남역 살인 사건까지 그 죽음 자체는 아무 의미가 없다. 그래서 우리는 대체 왜 이런 비극이 일어났는지를 묻고 또 물어야 한다.

더 나은 논쟁을 할 권리

사람들이 고통의 의미를 묻는 이유는, 동어반복처럼 들리지만 간단하다. 고통스럽기 때문이다. 만약 고통에 의미가 있다면, 그 고통은 한결 견딜 만한 것이 될 것이다. 우리가 타인의 고통에 공감한다고 할 때 가장 먼저 시도하는 것은 상상해보는 것이다. "아, 그런 일이 생겼다니 고통스럽겠다."라고 생각하며, 자신이 겪은 일 중에 비슷한 경험을 공감할 수 있는 증거라고 제시한다.[18] 그 결과 피해자는 그런 것이 아니라고, 너희는 아무것도 모른다고 다시 말할 수 없게 된다. 고통스러운 순간을 지나온 생존자들이 자신이 겪은 일은 말하기 꺼려하는 이유는 무엇일까? 수많은 죽음을 뒤로하고 살아남은 자기 자신에 대한 수치심 때문이기도 하고, 그 고통이 무엇인지 아는 사람들에게는 설명이 필요 없고, 모르는 이들에게는 말해봤자 소용이 없으니 말할 필요를 느끼지 못하기 때문이다.[19]

로고테라피(logotherapie)라는 의미 중심의 치유 방법을 개발한 아우슈비츠 생존자 빅터 프랭클(Viktor Frankl)은 삶에 의미가 있다면 고통에도 의미가 있다고 주장한다. 이때 '고통의 의미'는 '삶의 의미'의 다른 말이다. 그는 "그 누구도 그의 운명을 대신 떠안을 수 없고, 그 누구도 그의 시련을 덜어주지 못한다. 시련의 운명에 봉착한 사람이 문제의 시련을 감내할 때 그 누구도 흉내 낼 수 없는 유일무이한 극복의 가능성이 열리는 것"[20]이라고 말한다. 하지만 빅터 프랭클이 말하는 '고통이 경감될 가능성'은 자기희생과 이타심(당신이 아픈 것보다는 내가 아픈 게 낫지) 같은 의미를 찾아낼 수 있는지에 달려 있다. 실제로 타인 혹은 대의를 위한다는 숭고한 목적은 고통을 참을 만한 것으로 만들어준다.

하지만 여성에게 가해지는 폭력의 경우 대부분 그 원인이 피해자에게 있다고 여겨지므로("네가 꼬리쳤지?") 자기희생적 의미 부여가 불가능하고, 오직 자해(自害)로만 숭고한 의미를 찾아낼 수 있다. 성폭력의 경우에 피해자는 아이러니하게도 본인의 의사와 무관하게 사회가 요구하는 정상적 성 규범에서 이탈한 존재가 되거나, 혹은 어떠한 이탈도 꿈꿔본 적이 없는 '순수한' 피해자로만 존재할 수 있다. 따라서 성폭력에 저항하는 운동은 성별 권력관계를 변화시키기 위한 것으로써 이 논의에 개입하는 사람들의 고통과 목소리의 투명함을 강조하는 형식이 되어서는 곤란하다. 고통 자체에 대한 몰두 다음에 오는 것은 정치사회적 변화가 아니라 종교적 각성과 내적 치유를 강조하는 문화이고, 고통의 의미 부여에 몰두하는 피해자화의 정치학은 결국 공론장을 다시 닫아버리기 때문이다.

나는 피해자의 말을 '경청하라'는 말에 한편으로는 격렬하게 공감하면서도 다른 한편으로는 그 말이 사실은 얼마나 피해자의 고통을 타자화하는 말인지에 대해 생각하곤 한다. 말을 듣는다고 치자. 그다음에는 어떻게 할 것인가? 폭로한 당사자에게 찾아가 같이 싸울 테니 문제를 해결하자, 같이 돕겠다고 하면 어떤 일이 일어날까? 나를 포함해 많은 '자칭' 페미니스트들은 피해자의 편에 서겠다, 여성의 목소리를 듣겠다, 그 길에 함께하겠다고 말하고 당사자에게 손을 내밀어본 경험이 있다. 하지만 정작 당사자는 그 손을 쉽게 잡지 않는다. 대부분 감정을 쏟아낸 것만으로도 나아졌으니 더는 아무것도 하고 싶지 않다고 대답한다.

피해자들은 종종 자기 안의 분노를 자신을 진짜 상처 입힌 가해자에게로 향하는 것이 아니라 자기 옆에 있는 비슷하게 취약한 사람을 향해 '폭발'시키기도 한다. 이때의 '말'은 소통의 욕구라기보다는 그냥 감정을 쏟아내는 '행위'에 가깝다.

프리모 레비(Primo Levi)는 고통을 말 그대로 '쏟아내는' 말과 글 자체에 의미를 부여하지 말라고 경고한다. 그는 "나는 형언할 수 없는 것, 실재하지 않는 것, 동물 울음소리의 한계에서 울리는 텍스트들을 찬사하는 것에 진저리가 난다."라며, "소통이 아니라 단지 고통스러운 감정의 표출을 위한 말과 글을 쓰는 사람은 그 자신이나 소수의 사람들만 아는 암호로 부정하게 소통하면서 자기 주위로 불행을 퍼트릴 뿐"[21]이라고 단언한다.

법정에서의 증언은 어떨까? 피해자는 법정이 원하는 방식으로 말해야만 자신이 겪고 있는 고통에 대한 책임을 가해자에게 물을 수 있다. 자유주의는 주디스 버틀러의 표현대로라면 "우리가 원하지 않을 수 없는 것"이다. 강간을 당한 여성이 법정에서 자신의 피해를 호소할 때, 그녀의 말은 신뢰할 만히며 그녀의 법적 지위도 합법적이어야 한다. 그렇지 않았을 때 법정은 그녀를 무고죄로 다시 구속시키거나 판단 능력을 믿을 수 없는 금치산자로 취급할 것이다. 규범을 따르라는 요구를 수용하지 않을 때 주체가 와해될 위기로 이어지기 때문에 성폭력 피해자들은 법정에서 사용되는 언어를 배우고 믿을 만한 피해자로 보이기 위해 법정의 문법을 "따르지 않을 수 없다."[22] 문제는 이러한 자유주의적 규제 효과가 정체성 정치와 고통의 문제와 직접 연결될 때다. 웬디 브라운(Wendy Brown)의 지적대로 상처 그 자체가 정체성의 필수 요소가 되어버리면 상처를 극복해야 할 억압을 재구성할 수 없게 된다.[23]

그러므로 나는 고통 그 자체에 의미가 있다는 말, 고통 자체에 지지와 연대를 요청하는 말에 반대한다. 불가능하기 때문이고, 다시 문제를 당사자의 아픔에 집중시켜 실제로는 지지도 연대도 불가능하게 만들기 때문이다. 우리에게 필요한 것은 동일시의 동정이나 연민도 아니고, 고통 자체에 '연대(solidarity)'하는 것도 아니다. 연대는 의제 자체가 사회적인 것이 되어야 가능하기 때문이다. 연대는 오직 당사자로서만 가능해지기도 한다.

문제는 그렇게 되었을 때 당사자성을 둘러싼 해묵은 논쟁이 반복된다는 것이다. 나는 일단 고통을 대하는 우리의 태도는 '존중(respect)'에서 시작되어야 한다고 생각한다. 공감과 연대는 존중 이후에 가능하다.

타인의 고통을 '존중'한다는 것

다른 글에서 나는 "우리가 피해자와 연대할 수 있는 것은 고통이 지속되지 않는 사회를 함께 만들어가자는 약속과 실천이지, 고통 그 자체가 아니다. 고통은 어쩔 수 없이 개인이 감내할 수밖에 없다. 그것이 때론 피해자가 열심히 도운 주변인들에게 '네가 내 고통을 알아?'라는 날 선 말을 하게 되는 이유이기도 하고, 그런 피해자를 제대로 지원하지 못한 죄책감과 혼란에 주변인들이 괴로워하는 이유이기도 하다. 당사자가 아니면 그 누구도 알 수 없는 것이다."라고 쓴 바 있다.[24]

타인의 고통을 대하는 태도가 바로 사상과 실천의 차이를 만들어낸다. 페미니스트들을 비롯해 소위 사회운동가들은 중간계급의 사람들이 빈민들의 거주 지역에 찾아가 자원봉사를 하는 것이 부자가 더 많은 기부금을 내는 것보다 더 근본적으로 사회의 불평등을 변화시킬 수 있을 거라고 생각했다. 값싼 동정이나 연민을 내보이는 것은 금기시되었고, 상대를 불편하게 할 수 있는 차이들은 가능한 감추고 극복해야 할 것으로 여겨졌다. 소위 '운동권'들은 처지가 다르다는 이유로 상대방에게 우월감을 느껴서는 안 되며, 상대를 불쾌하게 할 수 있는 동정심을 베풀어서도 안 된다고 배웠고, 그래서 차이를 없애는 방법을 선택했다. 신분을 숨기고 공장에 취업하거나, 또래에 비해 부자인 것을 부끄러워하거나 하는 등의 행동으로 계급적 차이를 제거하고자 했다. 운동권 여자 대학생들은 가능한 성별이 드러나지 않거나 남자처럼 행동할 때 더 쉽게 인정받았다. 그런데 이런 위장 취업 활동은 과연 '연대'가 맞을까? 사실을 알게 된 후 공장의 친구들은 오히려 모멸감을 느끼거나 관계의 거리를 재조정하고자 하지 않았을까?

또 다른 문제는 이런 동일시조차 특정한 범주에서만 작동할 수 있다는 점이다. 성폭력, 가정 폭력, 성매매처럼 여성에게 집중된 폭력의 문제에는 이런 방식의 연대가 장려되지도 작동되지도 않는다. 불평등한 사회에서 인간 존중의 원리를 어떻게 좌파적으로 갱신할 것인가에 대해 골몰한 리처드 세넷(Richard Sennett)은 협력을 가로막는 차이를 극복해야 한다는 생각은 결국 타인을 수용하지 않은 채 "자기 참조적 이해"를 반복하는 일이라고 지적한다.[25] "이렇게 되면 우리 자신의 외부에 있는 것은 어떤 것도 실재가 아닌 것이다."

피터 버거(Peter Berger)는 사회규범과 실제가 지식을 통해 공고화되고 개인에게 사회화되는 과정을 거치지만, 개인이 사회화에 실패할 경우, 사회가 어떻게 이에 대처하느냐에 따라 낙오자를 만들 수도 있고 사회질서가 뒤집히는 혁명의 가능성을 높일 수도 있는 등 다양하게 발전할 수 있다고 설명한다.[26] 이 두 가지 방향에서 키를 잡는 건 바로 지식이다. 사회에 관한 지식은 그렇기 때문에 객관화된 사회적 실재의 이해라는 측면과 그 실재를 지속적으로 생산한다는 측면에서 '실재화'라는 이중적 의미를 가진다.

그렇다면 앞서 언급한 김은실의 글에 등장하는 제주 4·3 사건의 생존자인 홀어멍들은 어떤가. 우리 사회에서 제주 4·3 사건을 정의하는 사회규범은 '시국'에 따라 계속 변화했고, 여성의 고통과 피해는 이때 사태를 규명하는 중요한 정보로 취급되지 못했다. 사회규범의 변화에 따라 어떤 이들은 자신의 경험을 설명할 수 있는 규범적 언어를 획득하기도 했지만, 이는 자신의 경험을 몸에 가둔 홀어멍의 몸적 경험을 설명할 수 있는 지식은 아니다. 소위 시국 사건에 대한 사회적 치유의 방식은 (죽은 자의) 명예 회복에 치중되어 있는데, 이들의 관심은 그보다는 산 자와 죽은 자 들의 관계 회복에 있다.[27]

강남역 10번 출구의 포스트잇과 세월호의 노란 리본은 "나는 우연히 살아남았다."라는 감각, 거기서 사회를 변화시킬 수 있는 정치가 시작되었다는 것을 잘 보여준다. 살아남은 나는 무엇을 할 것인가? 포스트잇과 노란 리본은 죽은 자와 살아남은 나 사이의 '관계'를 만들어내는 정치였다. 관계란 나와 타인 간의 차이를 인정해야 성립할 수 있다. 아무리 많은 사람이 기억하고 추모하고 마음을 모아도 당사자의 고통은 당사자의 몫으로 오롯이 남아 있을 것이다. 어느 누구도 이 고통 자체를 없애줄 수는 없다.

여기에서 중요한 것은 내가 당신을, 당신이 나를 이해하지 못할 수도 있음을 인정하는 것이다. 고통을 외면하지 말라는 외침은 아무리 인본주의적인 차원에서 존경받을 만한 일이라고 해도 변화를 만들어낼 수는 없다. 어느 누구도 타인의 고통에 응답하기 위해서만 살아갈 수는 없기 때문이다. 하지만 고통을 존중할 수는 있다. "왜 거기 갔어? 왜 그 시간에 거기 있었어? 왜 좀 더 노력하지 않았어?"라는 질문을 하는 이유는 "나라면 안 그랬을 텐데."라는 자기 참조적 동일시에 사로잡혀 있기 때문이다. 자신을 이해시켜달라는 요구를 하는 자들은 많은 경우, 고통받는 자의 얼굴이 아니라 손을 본다. 내가 너의 고통을 제대로 이해하고 공감하게 된다면 그 손에 돈을 쥐어주거나 그 손을 잡아주겠다는 생각을 하기 때문에 "자기 일처럼 걱정하며", 비난이 내포된 말을 진심이라는 이름으로 포장하는 일이 가능해지는 것이다.

고통을 존중한다는 것은 고통을 성급하게 병리화하거나 이름을 붙이기 '전에' 가져야 할 태도에 대한 이야기다. 고통은 개별적인 동시에 사회적이다. 어떤 순간에도 고통이 완전히 사라지는 일은 없다. 다만 고통을 받았을 때 개인이 대응하는 방식과 그들이 활용할 수 있는 사회와 집단, 지역 자원의 유무 등에 따라 고통의 주관적 정도는 달라질 수 있다. 고통을 정체성의 근거로 삼아 경쟁하는 문화에서는 고통의 진위 여부에 온통 관심이 쏠리게 된다. 피해자가 되기 전까지는 아무 말도 들어주지 않고, 피해자 외에는 아무것도 될 수 없는 사회에서 고통을 이야기하는 것은 이제 저항이 되지 못한다. 따라서 우리에게는 고통의 의미를 둘러싼 해석 투쟁뿐만 아니라, 고통이 만들어진 상황과 조건에 대한 개선을 요구하는 실천이 필요하다.

○

2장

여성이 군대 가면 평등해질까:

신자유주의 시대의 병역과 젠더

정희진

○

실제로 남성들은 여성에게도
병역이 부과되기를 바랄까?
여성이 자신과 똑같은 조건에서
근무하기를 바랄까?
그들의 주장은 이중 메시지다.
그들은 같은 남성들 사이의 공정성을 바라면서도,
그 '욕구'를 여성에 대한 차별로 대체한다.
이것은 타자를 만들어
자신의 주체성을 유지하는 방법이다.

○

오랫동안 한국 사회에서 "평등해지려면 여성도 군대에 가라."라는 말
은 여성의 다른 영역의 권리까지 억압하는 효과적인 논리였다. 개인의
의사와는 관계없이 일방적으로 병역에서 배제된 여성은 장애인이나 트
랜스젠더[1]처럼 '정당한' 시민권을 주장하기 어려웠다. '2등 시민'이라는
여성의 이미지는 일상적인 성차별로 확대되었다. 특히 분단국가에서
국가 안보와 병역은 공적 영역의 주된 가치로 강요되었기에, 여성은 의
무와 책임은 다하지 않으면서 권리만 주장하는 집단으로 여겨졌다. 남
성의 경험에 입각해 "군대에 다녀오지 않은 사람은 평등을 말할 자격이
없다."라는 논리가 만들어지고, 이것은 "여직원도 숙직해라.", "여성은
힘든 일을 기피한다.", "여성은 노동하지 않으면서 소비만 한다."라는
논리로 이어졌으며, 최근 몇 년 동안 '된장녀'·'맘충(蟲)'·'꿘줌(운동권 아
줌마)' 등의 미소지니(misogyny, 여성에 대한 혐오)[2] 현상으로 확대되었다.

이에 2000년대부터 '여성의 병역=양성평등'을 주장하는 일부 여성,
여성주의자가 등장하기 시작했다.[3] 그러나 군대에 '가라'와 '가겠다'의
대립 구조는 남성을 중심에 둔 기존의 평등 개념을 반복하는 것일 뿐
이다. 성 평등(gender equality)이 '양성평등'으로 잘못 번역되면서 '양성'은

'평등'한 범주가 되어야 한다는 규범만 강조되었을 뿐, 누구를 기준으로 한 평등인가는 고찰되지 못했다.[4] '양성'과 '평등'의 의미를 개념화, 사회화하기도 전에 남성의 언어 체제 안에서 양성평등이 주장되기 시작한 것이다. "남성은 남성의 일을, 여성은 여성의 일을"을 내세우며 이루어진 성별 분업이 실제로는 여성이 공과 사의 영역 모두에서 이중 노동을 부담하게 만들더니, 이제는 병역까지 삼중의 노동을 요구하는 것이다.

'남성=병역=시민'이라는 통념의 전제는 "남성은 모두 동일한 조건에서 군대에 간다."이다. 그러나 우리는 이미 그 전제가 거짓임을 알고 있다. 군대에 가지 않는 남성도 많고, 남성의 복무 경험도 천차만별이다. 그러한 차이가 드러나지 않는 한, 병역은 여전히 남성의 전유물로서 남녀 대립 구도를 유지하는 데 이용될 것이다. 이 글은 최근 논의되고 있는 남녀 지원병제(모병제)[5]나 여성 징집은 양성평등이 아니라 남성들 간의 차별을 무마하기 위한 것임을 주장함으로써 병역과 젠더, 평등의 관계를 새롭게 개념화하고자 한다.[6]

여성의 병역을 둘러싼 논란들

인류의 역사에서 여성의 입대와 전쟁(전투) 참여가 성 평등으로 연결된 적은 한 번도 없다. 오히려 여성의 군대 경험은 차별과 성폭력으로 점철되었다. '여성의 병역=양성평등' 주장은 사실이 아닐 뿐만 아니라 성립할 수 없는 논리다. 그 이유는 다음과 같다. 첫째, 인간은 남성과 여성이기 이전에 개인이며, 남성도 여성도 모두 그 내부는 동질적이지 않다. 양성 개념은 남성과 여성의 비대칭적인 차별 상황을 동등한 구도로 왜곡시킨다. 즉, 성차별 사회가 작동하는 원리는 개인별 차이를 무시하고 인간을 단지 두 가지 성으로만 구분하는 것이다.

계급, 인종, 나이, 성 정체성 등 개인들 간에는 무수한 차이가 있다. 남성 중심 사회는 남성들 간의 차이뿐만 아니라 여성들 간의 차이와 동일성마저도 여성이 아니라 남성이 결정한다.[7] 가부장제는 차이와 동일성을 모두 젠더로 환원하여 인간을 성별적 존재로 고착시킨다. 여성주의는 이를 해체하기 위한 사회정의다. 여성의 입대 논리는 젠더와 병역의 관계가 유독 두드러진 한국 사회에서 성 평등을 군사주의적으로 해결하려는 논리다.

둘째, 위의 문제와 연관해서 평등을 위해 여성에게도 병역을 부과하라는 주장은 남싱성을 단일한 개념으로 상정하는 것이다. 하지만 남성들 사이에도 차이가 있으며, 시공간의 맥락에 따라 다양한 남성성이 존재한다.[8] 남성성(multiple masculinities)은 언제나 복수(複數)다. 또한 특정 사회에서 남성성으로 간주되는 것이 다른 사회에서는 반대인 경우도 많다. 우리가 생각하는 규범적인 남성성과 여성성은 19세기 초에 국민국가가 건설되면서 서구 중산층 가족을 기준으로 만들어진 것이다.

주지하다시피 징병제는 가장 역사가 짧은 모병 제도이며, 근대 국민국가 건설의 근간이었다. 봉건적 신분 질서에서 벗어나 사회 구성원을 국민(nation)으로 대중화·시민화·근대화(노동자화)하는 과정이 남성을 모델로 삼아 이루어졌다. 이 과정에서 균질성은 당연히 쉽게 성취될 수 없었다. 대표적으로 빈부 격차, 성적 오리엔테이션(동성애자), 식민지

주민이라는 신분 등에 따라 '일반' 국민과 동화될 수 없는 남성들이 있었다.

셋째, 여성은 이미 '병역을 이행'해왔다. 1950년 한국전쟁부터 실시된 국민개병제도 이후 지난 60여 년 동안 군대는 한국 사회를 지배해온 성차별과 남녀 분리 문화의 상징이었다. 젠더(성별)는 군대를, 군대는 성별을 상호 강화해왔다. 앞에서도 말했지만 남성에게만 부과된 병역은 한국 사회에서 성별화된 시민권, 즉 남성을 중심으로 위계화된 시민권을 구성해왔다. 그러나 병역이 곧 국방은 아니다. 헌법 제39조 1항은 "모든 국민은 법률이 정하는 바에 의하여 **국방의 의무**(필자 강조)를 진다."라고 명시하고 있다. 병역은 국방 의무의 한 부분이고, 병역에 직접 참여하지 '못하는' 국민도 국방의 의무를 다른 방식으로 수행하고 있다. 이에 시민사회는 2017년부터 정치권에서 개헌 논의가 시작되자 위 조항을 "모든 국민은 법률이 정하는 바에 의하여 **다양한 방식으로**(필자 강조) 국방의 의무를 진다."라고 수정하여 명시하자고 제안하고 있다.

이처럼 병역만이 국방은 아닌데도 오랜 세월 동안 군필 남성이 국민을 대표해왔고, 군대에 다녀오지 않은 남성이 많은데도 '남성=군대'라는 인식이 지속되어왔다. 남성은 병역을 수행함으로써 국가에 '직접' 국민임을 승인받는 반면, 여성은 남성을 위한 성 역할을 통해 국가와 '간접'적으로 연결되었다.

남성은 평등하게 병역을 이행한다는 환상

역사 이래 지배 집단이 강제로 부여하는 군역에서 그 대상자들이 평등한 적은 한 번도 없었다. 고려시대와 조선시대 모두 16세부터 60세 사이의 천민을 제외한 양민(良民)은 군역을 져야 했다. 이들은 평소에는 농사를 짓다가 순번이 되면 매년 1~2개월씩 군인으로 복무했다. 이때도 군역을 사고파는 사람들로 넘쳐났다. 돈만 있으면 군역을 면할 수 있었다. 1962년 국방부가 직할하는 시도(市道) 병무청이 설립될 즈음만 해도 "병사구 사령부(병무청의 옛 이름)는 조폐공사"라는 말이 있을 정도로 돈으로 병역을 면제하는 일이 다반사였다. 조선시대의 군 문화는 군역이 아니라 '국난의 위기 앞에 나선 자발적 의병'들에 의해 유지되었다.

또한 한국전쟁과 군부독재, 민주화 운동, 한미 동맹의 위상 변화 등을 거치면서 병역 정책이 임시 정책만큼이나 자주 바뀌었기 때문에 모든 남성이 평등하게 병역을 치른 적은 한 번도 없었다.

병역을 둘러싼 남성들의 경험 차이는 크게 두 가지로 나뉜다. 하나는 병역 이행 여부이고, 다른 하나는 군 복무 중에 감당한 노동의 내용과 인간관계다. 군 복무 중에 목숨을 잃는 경우도 많았기 때문에 그 경험의 차이가 병역 이행 유무의 차이보다 클 수 있다. 병역을 이행하지 않는 경우는 특혜(비리), 거부, 기피로 나뉜다.[9]

이처럼 남성의 군대 경험이 다른 이유는 첫째, 전통적으로 남성들 사이에 존재하는 계급 차이 때문이고, 둘째, 군대가 점차 전문화되면서 많은 '파티션(분야)'을 갖춘 조직체가 되었기 때문이다. 군대의 노동은 사회의 그것과 다를 바 없이 매우 다양하다. '매점에서 대학, 사법부'까지 갖추고 있는 군대는 국가 내부의 또 다른 국가다(군을 '독립된 국가'로 만들지 않기 위해서 문민 통제―civil control, 시민 감시―가 필요한 이유다). 대개 군대와 사회를 배타적 관계로 보지만, 군대는 사회의 축소판이거나 확대경이다. 셋째, 최근 두드러진 현상이지만 인구학적 특성 때문이다. 저출산뿐만 아니라 전쟁과 국가 건설 과정, 기아 등 성인 남성 노동력에 변동이 생길 경우 남성에게 부과되는 병역도 유동적이 된다.

복무 기간이나 보직, 군대 내 경험도 천차만별이다. 군 복무 제도는 현역병·상근예비역, 현역(전환복무), 사회복무요원, 예술체육요원, 전문연구·산업기능요원, 승선근무예비역, 특수병과 사관후보생, 공중보건의사 등 다양하며, 각 제도마다 적게는 몇 개, 많게는 수십 개의 병과(兵科)가 운영되고 있다. 육군만 해도 기본 병과로 보병, 기갑, 포병, 방공, 정보, 공병, 정보통신, 항공, 화학, 병기, 병참, 수송, 부관, 헌병과가 있으며, 해군과 공군 역시 마찬가지다.[10]

이처럼 '남성=군인'으로서 모두 평등하게 병역을 치른다는 이미지는 국가와 남성 집단의 필요에 의해 만들어진 것이지 실제가 아니다. 몇 가지 간단한 예를 들어보자. 대학 진학률이 70퍼센트 이상인 현재에는 같은 조건의 고졸과 대졸자의 복무 기간이 같지만, 1960년대 초에 대학 재학생은 18개월, 그렇지 않은 남성은 두 배에 가까운 34개월이었다. 1981년에 같은 대학 같은 과에 입학한 신입생 두 명은 입학한 지 두 달 만에 '입대'했다. 그러나 A는 빨갱이를 푸르게 한다는 녹화(綠化) 사업으로 전방에 끌려가 고문과 폭력 속에서 40개월을 복무했고, B는 육군 보병으로 입대했다가 공관병으로 근무하면서 사단장 자녀의 과외를 맡았다. 당시는 전두환 정권이 과외 금지 조처를 철저하게 시행하던

더 나은 논쟁을 할 권리

시절이었는데도 그랬다. B는 사단장의 배려를 받아 과외 지도를 하지 않는 시간에는 사법고시 공부를 해서 제대 후 1년 만에 재학생 신분으로 합격한다.

이처럼 모든 사람에게 복무 기간이 '썩는 시간'은 아니다. 지금도 행정병으로 근무하면서 "번역서 출간, 결혼, 운전면허증 취득 등 사회에 있을 때도 할 수 없는 일"을 하는 이들이 있다. 겨울에 보일러실에서 근무하는 '보일러병(兵)'이 있는 반면, 전방에서 혹한의 겨울밤을 지새는 병사까지 근무 경험은 다양하다.

남한은 북한과 대치한다는 명목으로 인구 대비 군인 수가 다른 국가에 비해 열 배가 넘는다(대개는 0.2~0.3퍼센트, 남한은 1.2퍼센트). 남한은 이제까지 징집 인원 60만 명을 유지한다는 기조를 지켜왔지만, 징집 연령대인 남성의 인구와 학력 구조, 고용 시장의 상황에 따라 징병률을 조절해왔다. 또한 병역 판정 신체검사에서 3급 이상으로 합격한 남성이 모두 현역으로 복무한 것은 아니다. 저출산으로 병력 자원이 감소하자[11] "1986년에는 전체 징병 대상자 중 51퍼센트의 건강한 사람을 뽑아 쓸 수 있었는데 2013년에는 전체 91퍼센트가 현역 판정을 받았다."[12]

요약하면 부정과 부패 그리고 군대가 거대한 전문 분업 조직이라는 점 때문에 징병제 사회인 한국에서 남성 모두가 군대에 가지도, 같은 조건에서 일하지도 않았다.

남남 차별이 지속되는 방식

국민국가는 성원들 사이의 동일성을 확보해야 하는 과제를 안고 있지만, 실제로 그것을 성취한 국가는 없다. 계급이 대표적인 차이이고, 신자유주의 시대에 그것은 점점 심화되고 있다. 실제 군 복무를 둘러싼 남성들의 가장 큰 불만은 공정성이다(연예인이나 정치인 자녀의 특혜에 대한 분노를 보라). 남성들은 군가산제 도입보다는 징집 절차의 투명성 확보가 우선 과제라고 생각한다. 관련 조사에서 응답자의 70.9퍼센트가 징집의 형평성에 문제가 있다고 대답했다.[13] 필자가 인터뷰한 남성들도 거의 대부분 공정성이 가장 큰 문제라고 주장했다.

공정성을 둘러싼 불만이 이토록 큰데도 문제가 쉽게 해결되지 않는 이유, 즉 투명한 국방 정책 집행이 어려운 이유는 무엇일까? 왜 남성과 남성의 계급 차이는 봉합되는 것일까? 왜 남성의 연대(male boding)는 수많은 모순과 갈등 속에서도 지속되고 있는걸까? 한국 남성들은 왜 모두 '군대 전문가', '축구 전문가', '군대스리가 전문가'일까? 병역을 둘러싼 남성들 사이의 차별이 심한데도 "야외 작업 시 포클레인보다 빠르게 삽질을 했다.", "축구만 하면 기본 3골 이상은 단독 드리블로 넣었다."[14] 같은 담론만 일반화된다. 개인의 차이에 따른 스토리텔링은 없고 '자부심'과 '트라우마'로 양분되어 있다.

그 이유는 첫째, 국가 안보 이데올로기와 분단국가의 현실에 있을 것이다. 이때 남성은 자신을 국가와 동일시하면서, 여성이나 사회와 관계를 설정할 때는 그들 사이의 차이를 조국을 지키는 남성성 하나로 봉합하여 공유한다. 국가 안보, 국토 방위, 외부(적) 등의 단어로 그들을 묶어주는 군이라는 제도 속에서 남성은 타인을 보호자와 피보호자로 구분할 권력을 갖는다. 이 같은 '일부 남성'의 군대 경험이 남성 중심의 평등 개념의 기준이 되고 있는 것이다.

그런데 실제로 남성들은 여성에게도 병역이 부과되기를 바랄까? 여성이 자신과 똑같은 조건에서 근무하기를 바랄까? 그들의 주장은 이중 메시지다. 그들은 같은 남성들 사이의 공정성을 바라면서도, 그 '욕구'를 여성에 대한 차별로 대체한다. 이것이 타자를 만들어 자신의 주체성을 유지하는 방법이다. 그런 의미에서 또 하나의 '제2의 성'이 만들어지는 방식이다. 즉, 지배 그룹 남성에 비해서는 제2의 성인 남성들이 또 다른 제2의 성을 만들어내는 것이다.

"여성도 군대 가라."라는 남성의 주장(상상력)이 반영된 가장 대표적인 콘텐츠는 인터넷에서 선풍적인 인기를 끌고 있는 웹툰《뷰티풀 군바리》다. 네이버에 매주 월요일 연재되는 이 웹툰은 '2014 네이버 웹툰 수퍼 루키 공모전' 당선작이다. 이 웹툰은 여군에 대한 남성의 기준, 예를 들면 여성 군인은 어떤 몸을 가지고 있어야 한다고 생각하는지를 병역 판정 신체검사 과정에서부터 잘 보여준다. 여자 주인공 정수아는 '젖소'라고 할 만큼 큰 가슴을 가지고 신체검사에서 1급 현역 판정을 받는다. 이 만화는 여군이 속옷이 다 보이도록 다리를 쩍 벌리고 있거나, 큰 가슴을 드러내며 옷을 갈아입는 장면을 강조해 묘사한다(여성들의 연재 중지 운동이 계속되고 있다). 여성의 성적 대상화는 남성들의 이해가 가장 일치하는 영역이다. 여기에는 남성들 사이의 차이가 작동하지 않는다. 이 작품은 여성 징병제로 여군과 함께 군 생활을 하게 될 남성의 '즐거움과 감사한 마음'을 보여준다. 그러므로 여성도 군대에 가겠

다는 일부 여성(주의자)들의 주장은 남성의 이중 메시지에 대한 응답일
뿐이다.

　남성들은 어차피 군에 '여성'이 없어도 싫고, 있어도 싫다. 애초 군대
는 병사든 장교든 성 평등 차원에서 여성에게 병역이 부과되는 데 관심
이 없다. 여군이 필요하다면 국가를 통해서든 강제적으로든 '취업'이라
는 이름으로 동원하면 된다. 여성에게도 군대는 '매력적인' 직장이다.
가장 남성적인 문화를 가진 조직이지만 동시에 계급에 따라 지위가 정
해지므로, 일반 기업처럼 비공식적 차별이 없을 거라고 기대하기 때문
이다. 그런 의미에서 많은 여군 지원자가 직업군인을 선택한 이유로
'평등'을 꼽는다. 개인의 능력으로 계급장을 달면 성차별을 피할 수 있
는 평등한 직장이라는 것이다. 그러나 피우진 국가보훈처장의 자서전
은 절절하면서도 전형적인 정반대의 사례를 들려준다. "일부 지휘관은
우리 여군들에게 **'능력'보다는 군이라는 남성 문화에 부드러운 역할을
해주는 '치마'로서의 여성을 원한다. 여군의 능력보다는 여성의 능력을
원하는 경우가 사실은 더 많았다.**(필자 강조) 스스로 치마폭과 눈물과 초
콜릿에만 감싸여 있기를 원하는 여군은 별로 없다. 아니, 그런 여성은
처음부터 군에 지원하지 않는다."[15]

　둘째, 남성 간 계급 차이는 군대의 순전(純全)한 남성성으로 봉합된
다. 일반 남성의 입장에서 군대는 남성 동성(homosocial) 문화가 가장 잘
보존되어 있으며 동시에 여성을 향해 특권을 주장할 수 있는 곳이다.
물론 군대에서 여성의 존재는 남성 간에 발생하는 갈등의 범퍼가 된다.
이것이 전통적으로 계급과 젠더가 맺는 관계였다. 그러나 여성이 군대
에 들어와서 이질적인 문화가 생기기 시작하면 남성들에게는 여러 가

지 불편이 따른다. 여군의 성희롱 문제 발생, 회식 문화의 변화 등을 겪어야 하기 때문이다. 여군이 많지 않을 때는 퇴근 후에 사우나에서 회합이 이루어지는 경우도 있었다. 습기 가득한 목욕탕에서 서류가 돌아다니고 결제되기도 했다.

필자가 현역 공군 소령에게 여성이나 다른 사회적 약자도 군대에서 할 만한 일이 있지 않겠냐고 질문했더니 그는 다음과 같이 대답했다.

"저희는 기본적으로 모두 환영입니다. 여성이든 장애인이든. 저희와 아무 상관이 없으니까요."

"상관이 없다니요?"

"다 와도 괜찮아요. 우리는 변할 것이 없습니다. 그들이 고생하겠죠. 그리고 어차피 (그들은 얼마 못 가서) 그만둡니다. 군대는 (다른 조건의 사람이) 같이 가는 곳이 아니니까요. 적하고 싸워야지, 이인삼각 경기를 합니까?"

그에게 평등은 약자가 강자에게 적응해야 하는 것이지, 조직(사회) 구성원이 서로 노력해서 달성되는 가치가 아니다.

군대는 본래 사회 구성원 모두가 친화하는 곳, '멤버십 트레이닝'을 하는 곳이 아니다. 군대는 최대한 동질적 요소를 추구하는데, 그 내용은 전통적인 남성성이다. 남성보다 '뛰어난' 체력과 의지를 가진 여성이 적지 않지만, 병역을 통해 성 평등을 이룬다는 발상 자체가 남성 중심적인 이유다. 또한 병역 판정 검사는 '정상 남성'의 기준에 대한 사회적 합의를 실현한다. 무정자증(無精子症)은 군 복무에 아무런 지장을 주지 않는데도 면제 사유였다.

이처럼 현재 병역을 둘러싼 평등 개념은 같아지는 것이 아니라 특정 기준을 통한 배제의 과정이다. 군대에서 평등(平等)은 같은 사람들끼리 더욱 높은 수준으로 균질화됨으로써 달성되는 가치다.

자기 계발과 취업, 군대의 변화

국가는 남남 차별에 대한 남성들의 불만을 다른 방식으로 해결하고자 노력한다. '외적에 대비한 군대'가 아니라 자기 계발과 취업 준비의 기회로 병역의 의미를 재구성하고 있다. 징병제는 냉전 이후, 자본주의가 발달할수록 위기를 맞는다. 근대국가 초기에는 신분 해방의 성격을 지녔던 개인주의(자유주의)가 신자유주의 시대에는 사회에 적대적이고 타인에게 경쟁적인 개인주의로 변화하기 시작했다.[16] 남성들에게 병역에 대한 인식은 점점 자부심보다는 피해 의식으로 기울어지고 있다. 예전에 현역과 '방위병(공익근무요원)'의 위계가 "집에서 멀리 떠나 고생하는 남성"이라는 자부심(젠더 경쟁)에서 비롯되었다면, 지금은 현역 입대가 낮은 계급(흙수저 가족)과 남성 개인의 능력 부족을 의미한다.

이전에 병역을 소재로 삼은 도서들은 주로 소설이었으며, 대부분 비참하고 고통스런 병영 체험을 그렸다.[17] 그러나 2000년대 이후 입대자를 위한 자기 계발서들이 유례없이 늘어나기 시작했다. 이른바 '선택해서 가는 군대(보직)'를 위한 안내서들은 군대를 취업과 연계하면서 의무로서의 병역보다는 자기 성장과 취업 준비 기간으로 강조하고,[18] 국방부의 병무 행정도 이를 지향하고 있다.

병역의 의미가 자기 계발이나 취업으로 바뀌면서 여성 입대론의 주된 논리가 되었다. 여성 징병제든 여성을 포함한 지원병제든, 현재 논의되고 있는 성별과 관련된 군대의 이슈들은 사실 전통적인 남성 영역(직업이자 의무 복무)의 위상이 떨어질 때 나타나는 전형적인 현상이다. 여성이 남성의 직종으로 진출하는 것은 여성의 지위가 향상되는 것이 아니라 남성이 기피하는 영역을 여성의 노동력으로 대체하는 것이다.

저출산으로 병력이 줄어드는 문제나 남성만 병역을 짊어진다는 불만은 여성 징병제나 지원병제로 해결할 수 있는 문제가 아니다. 여성 징병제는 성 평등과 무관하며, 세계적으로 유례없는 한반도 병영화를 강화할 뿐이다. 지원병제는 원래 군 현대화와 관련된 논의인데, 한국 사회에서는 "가기 싫은 사람이 많으니 가고 싶은 사람만 가자."는 의미로 완전히 와전되었다. 이는 지원병제가 특권층 자녀의 병역 비리와 일반 남성들의 피해 의식, 안전에 대한 공포를 해결하기 위한 방법으로 여론에 등장했기 때문이다. 흥미로운 사실은 한국 사회에서는 낯선 이 제도를 처음 본격적으로 제기한 이들이 명망가 중심의 중산층 '진보' 세력이라는 점이다. 이는 한국 사회의 위선과 사회운동의 수준을 말해주는 것이기도 한데, 이들에게 지원병제는 '필요악'으로서 국가주의에 저항하지 않으면서 자기 계급의 자녀는 보호하는(선택하지 않아도 되는) 편리한 방식이다. 병역을 둘러싼 사회적 문제를 (선택하지 않을 수 없는 처지에 있는) 개인의 '자발성'으로 해결하자는 것이다.[19]

여성 징병제가 실시될 경우 집징 대상은 20세 전후의 고졸 또는 대학생 여성들인데, 그들의 입장은 단순히 국방의 의무를 둘러싼 '찬반'이 아니다. 현행 남성 징병제와 마찬가지로 입대에 찬성하는 여성은 거의 없다. 이들은 국민이 아니라 개인 혹은 여성(주의자)의 위치에서 장교 복무 경험, 직업적 전문성, 성 평등 차원, 개인적 사정 등에 따라 입대 여부에 대한 다양한 의견을 가지고 있다. 현재 여성도 군대에 가야 한다는 입장은 대개 장교 복무자의 경험에서 나온다.

만약 일반 병사로서 의무적으로 복무해야 한다면 어떨까? 이 문제는 이 사안에 대한 연구 방법과 연관되어 있다. 필자는 30명가량의 여성에게 여성 징병제에 대해 질문했는데, 응답자들은 "가겠다." 또는 "안 가겠다."는 대답 자체를 어려워했다. 필자를 포함하여 일반 여성들은 군 생활을 구체적으로 상상할 수 없기 때문인데, 이는 군대 문화가 폐쇄적이어서라기보다는 그동안 군대가 남성의 영역이었다는 데 기인한다.

이들의 답변을 보자.

- "그럼 내무반을 (남성과) 같이 쓰나요? 저는 담배 피는데, 거기서 여자가 담배 핀다고 더 차별하지 않을까요?"
- "생리대랑 화장품은 국가가 지급하나요?"
- "고무신(이성 친구) 갈아 신는 게 우리 얘기네요!"
- "상관이 남성만 편애하지 않을까요?"
- "저는 병역 거부할래요. 소설가가 꿈인데 (병역을 거부해서) 감옥에 가면 인생 경험, 소설거리라도 생기잖아요? 〈슬기로운 감빵생활〉처럼요."

공군 학사 장교 출신의 여성이 쓴 《나는 여성 징병제에 찬성한다》[20]라는 책의 표지에는 "여성과 남성의 평등을 인정하는 누구든 페미니스트이다."라는 글로리아 스타이넘(Gloria Steinem)의 말이 적혀 있다. 그런데 흥미롭게도 이 책의 주제와 내용은 스타이넘의 주장과는 달리 성별 사이의 평등이 아니라 '여성 개인'이 '남성 집단'에 비해 우월 혹은 최소한 동등하기 때문에 여성 개인이 성차별의 극복 단위가 될 수 있다고 본다. 하지만 저자의 경험은 장교이기 때문에 가능했을 것이다. 저자의 생각은 근대 서구의 자유주의 페미니즘이 주장하던 평등론과 유사해 보인다. 메리 울스턴크래프트(Mary Wollstonecraft)부터 베티 프리던(Betty Friedan)까지 이어지는 자유주의 페미니즘은 "남성과 여성은 같은 이성을 가졌다(The soul has no gender)."라는 슬로건을 내세운다. "모든 인간은 같다."라는 보편적인, 그러나 당시에는 실제로 실현될 수 없는 평등 개념에서 여성은 예외가 아니며, 남성과 여성은 똑같이 태어났으나[21] 후천적인 사회 구조 때문에 여성의 지위가 낮아졌다고 보았고, 공적 영역(교육적·경제적·정치적 지위)의 불평등이 해결되어야 한다고 주장했다.

그로부터 1세기가 지난 지금 신자유주의 시대에 여성들은 평등이 성별 범주가 아니라 개인의 독자성에 달려 있다고 본다. 최근 페미니즘의 대중화 흐름에서 중심을 이루는 젊은 여성들은 대개 여성 징병제가 가사와 임금노동에 이은 '삼중 노동'이라고 반발한다. 다음은 몇몇 여성과 나눈 집단 대화의 내용이다.

– "무엇을 성차별이라고 생각하나요?" "다요."
– "성차별을 개선하기 위해 무엇을 할 수 있을까요?" (어이없다는 듯) 그걸 왜 저한테 물으세요? 사회가 잘못한 거니까 사회가 알아서 바꿔야죠. 내가 지금까지 당한 것도 억울한데, 투쟁까지 하라고요?"

- "여성 징병제를 어떻게 생각하나요?" "(국가가) 미친 거 아니에요? 사회에서도 성폭력을 당하는데, 이제 아예 (내무반에) 가둬놓고 강간하겠다?"

- "지원병제가 실시되면 직업군인이 될 생각이 있나요?" "월급을 봐야겠죠. 그런데 요즘 세상에 누가 군인으로 돈을 벌겠어요? 어차피 저는 대학을 안 갔잖아요. 고졸은 군대 가봤자죠. 차라리 알바(여기서는 성산업을 의미함)가 훨씬 낫죠."

반면 여성 징집제가 시행되면 가겠다는 여자 대학생들의 의견은 다음과 같았다.

- "저는 가고 싶어요. 우리나라는 쭉 가야 해요(경력에 공백이 없어야 한다는 뜻—필자). 남자애들은 학교 다니면서 방황하거나 쉬고 싶을 때 군대라는 합법적인 도피처가 있잖아요? 여학생들은 졸업이 한 학기만 늦어도 (취업) 면접할 때 너무 힘들거든요. 내가 왜 늦게 졸업했는지, 왜 여자만 설명해야 하나요? 남자애들만 군대에 가는 건 특혜예요, 특혜."

- "저는 체력 단련 차원에서 가고 싶어요. 갔다 온 다음에 남자들 입 닥치게 하는 건 좋아요. 남자들 입막음용."

- "저는 우울증이 심해요. 자신감도 없고, 앞으로 뭘 해야 할지 모르겠고, 불안하고. 군대 가면 나을 것 같아요. 지금은 늘 침대에 누워 있고 집 밖에 안 나가는데, 군대에 가면 강제잖아요. 군대가 내 몸을 움직여줄 것 같아요. 지금은 내 의지로는 안 되니까."

- "저는 다이어트 차원에서 가고 싶어요. 거기 가면 정신을 차리고 다

이어트가 될 것 같아요."

여성 병역 논쟁은 평등을 둘러싼 일종의 문화 전쟁이다. 징병 대상이 될 젊은 여성들은 취업이나 자기 계발 같은 개인적 차원의 '욕구'가 높고, 국방 자체보다는 성차별에 훨씬 관심이 크다. 따라서 국가와 사회는 여성주의의 대중화와 함께 변화하는 여성들의 의식에 주목해야 한다. 여성들은 이미 국가 안보 이데올로기가 개인(자신)의 안전을 위협하는 논리임을 간파하고 있다.

여성 병역 논쟁이 의미하는 것

노무현 정부 때 전시작전통제권을 환수하자는 논의가 활발해지면서 군을 포함한 각계각층에서 국방 개혁을 요구하기 시작했다. 이는 남한의 국방이 이제 한미 동맹만으로는 해결될 수 없는 상황이며, 군사 주권의 '아웃소싱'에 한계가 왔음을 보여준다. 이 글의 목적은 지원병제나 여성 징병제라는 정책을 주장하기 전에 기존의 '진리화된 통념'을 먼저 상대화하고 병역과 관련한 비리, 계급과 젠더 문제, 비합리적인 논리 등을 여성주의 입장에서 재고해보자는 것이다.

여성의 입대 문제는 주로 일부 남성들의 주장일 뿐, 현재 국방 개혁 차원에서 '여성'은 상수가 아니라 변수다. 국방부나 시민사회나 여성의 입대 문제를 중요하게 생각하지 않는다. 남성 지배 세력은 성 평등 문제를 '여성 징병제 대 지원병제'라는 또 다른 형식의 남성 중심적인 논쟁으로 이동시켰다. 징병제냐 모병제냐 하는 논쟁은 성 평등 논의의 본질을 은폐하려는 맥거핀(macguffin, 속임수, 미끼)이다. 한반도를 둘러싼 국제 정세와 북한의 존재(건재)를 고려할 때, 여성 징병제나 지원병제가 실현될 가능성은 거의 없다. 2018년 1월, 국방부가 발표한 국방 정책의 골자는 두 가지다. 2022년까지 육군을 중심으로 현재 61만 명인 병력을 50만 명으로 줄이고, 여군의 비율을 현재 5.5퍼센트(현재 1만 명)에서 8.8퍼센트까지 늘린다는 것이다.[22] 여성은 강제징집 대상이 아니고, 다만 장교든 사병이든 지원병을 늘리는 구조를 마련하겠다는 것이다. 보수 세력은 북한의 병력(50만 명에서 100만 명으로 추정)을 고려할 때 그에 상응하는 병력이 있어야 한다고 주장한다. 보수 세력에게는 북한과의 싸움이 먼저인 것이다.

여성주의 입장에서는 우선, 성 평등을 병역과 연결하는 남성 중심적 사고를 버려야 한다. 어느 여성학자는 "여성의 삶에 참정권만큼 징병제, 모병제는 중요한 제도"라고 피력했다.[23] 그러나 군대에 갈 권리(혹은 의무)는 참정권과 같은 맥락에서 논의할 수 있는 것이 아니다(서구 여성 운동이 걸어온 참정권 투쟁의 역사를 상기해보라). 군 복무 대신 여성이 사회에 기여할 방법을 찾자는 사회복무제 주장도 한국이 성차별 사회임을 정면으로 부정하는 논리다. 여성이 지금의 차별을 넘어 더 이상 어떻게 사회에 더 '기여'하란 말인가?

오히려 적극적인 '참정권(參政權)', 즉 정치에 참여할 권리를 행사함으로써 국방 영역에 여성주의적·평화주의적으로 개입하는 게 바람직하지 않을까? 그러지 않는다면 여성의 병역 논쟁은 신자유주의 시대 한국 사회에서 계급과 같은 다른 사회적 모순을 간과한 채 남성과 여성,

여성과 여성(주의자)의 갈등만 더욱더 부각시킬 가능성이 있기 때문이다. 그리고 무엇보다 국방 영역은 언제나 사회적 논의에 앞서 '정책'과 '대안'이 시급히 제시되어온, 가장 비상식적인 공론장이었다. 국방과 안보는 '여성'과 시민의 논쟁 참여만으로도 그 의미가 달라질 것이다.

3장

성매매 여성 '되기'의 문화경제[1]

김주희

'몸 팔아 명품 가방 사는 된장녀'라는 담론은
잘못된 분석이다.
여성들은 시장에서 구입한
'된장녀'라는 표식을 체현함으로써
비로소 성매매 산업에
진입할 수 있는 몸을 갖게 된다.
결국 성매매 산업과
이 산업을 둘러싼 미용 소비 시장을 경유하면서
성매매 여성들은
이중, 삼중으로 소비되는 결과를 낳는다.

○

몸 팔아 명품 가방 사는 된장녀. '일베식 여성 혐오'의 표적이 되는 대표적 인물형(figure)이다. 이와 같은 여성 혐오적 기획과 실천은 SNS의 시대에 이르러 더욱 심각해졌다. 혐오 실천자들은 여성들의 신상을 SNS에 공개하면서 '이들이 바로 몸 파는 여성들'이라며 온라인에서 공개 처형을 일삼는다. 얼마 전 연예인들의 사생활을 몰래 찍어 폭로하는 업체인 '디스패치'에서 이름을 따, 이른바 〈○○패치〉라는 온라인 사이트가 만들어지기도 했다. 이 사이트에는 강남 룸살롱에서 일한다는 여성들의 얼굴 사진과 사생활 정보가 나열되어 있다. 주로 여성들의 과거 사진과 함께 성형 사실을 폭로하고, 여성들의 SNS에 오른 정보를 기반으로 해외여행 사진, 명품 구입 내역, 나아가 이들이 거주하는 고급 오피스텔 정보를 나열하며 이들의 소비 활동을 '고발'한다.

가만히 들여다보면 이러한 혐오 실천자들이 반응하는 정보는 이들이 '된장질'로 명명하는 여성의 소비 활동 그 자체만은 아니다. 혐오 실천자들의 '고발 활동'은 이 여성들이 여자라는 생물학적 조건을 이용해 땀 흘려 일하지 않고도 사치스럽게 소비한다는, 그야말로 '소비자로서의 여성'에 초점이 맞추어져 있다. 여성의 소비 중에서도 자신을 위한 소비는 억제하는, 어머니 노릇과 연동된 소비는 오랜 시간 상찬되어왔던 것을 볼 때 여성을 '성녀-창녀'로 나누는 이분법은 소비의 자격이라는 문제로도 귀결된다. 결국 혐오 실천자들이 '고발'하는 여성들의 소비 문제는 여성의 성기로 대표되는 몸의 성적 차이와 그것을 자원화하는 문제로 수렴되고 있다.

여성의 소비에 대한 혐오

성매매를 둘러싼 페미니즘 내부의 오랜 논쟁에서 성매매 여성들을 '피해자'로 보아야 하는가 아니면 '노동자'로 보아야 하는가, 두 개의 입장이 충돌해왔다. 한 축에서는 구조적 성폭력의 직접적 피해자로 정의하면서 이들을 보호해야 한다고 주장했고, 다른 축에서는 자신의 성적 능력을 사용할 권리가 있는 노동자로 정의하면서 (보호 대신) 이들이 노동할 권리가 있음을 주장했다. 하지만 실상 일반적인 수준에서 성매매 여성들은 피해자나 노동자로 주장되기보다, 이처럼 자격 없는 '소비자'로 받아들여지고 혐오되고 있다. 다음에서 살펴보겠지만 근대 남성 중심적 지식 체계 안에서 소비가 생산과 분리된 사치의 문제, 성적 타락, 악마화 등의 의미와 연결되는 여성성의 영역으로 다루어졌음을 지적한 많은 연구를 떠올려볼 때, 혐오스런 소비자로서 성매매 여성들을 소환하는 시도는 새로운 사실이 아니다.

　성매매 여성들에 대한 비하와 차별 발언은 여성의 존재에 대한 차별적이고 혐오적인 시선 그 자체와 일치한다. 여성들은 언제든 혹은

더 나은 논쟁을 할 권리

언젠가는 몸을 거래할 수 있는 자들로 정의되기 때문이다. 2010년 여성가족부 발표에 따르면, 대한민국 성매매 산업의 규모는 8.7조 원으로 추정된다. 이렇게 거대한 산업에서 여성들의 몸은, 그것이 노인의 몸이든 장애인의 몸이든 뚱뚱한 몸이든 모두 특수 상품으로 취급되어 거래가 가능하다. 이에 페미니스트들은 성매매가 여성 개인의 윤리 문제가아니라 여성의 성을 상품화하는 문화·정치·경제의 문제임을 오랫동안주장해왔다. 기존의 문화·정치·경제는 '상품화 가능한 여성의 몸'이라는 범주를 끊임없이 확장함으로써 자신의 생명을 갱신하고 있다.

그러므로 위와 같은 남성들의 혐오 실천에 대하여 "나는 그런 여성이 아니다."라고 답변하는 것만으로는 충분하지 않다. 여성들은 더치페이를 위한 데이트 통장을 만들고, 내가 들고 있는 가방이 비싼 가방이 아니라고 항변하지만, 이렇게 만들어진 '그렇지 않은 여성'의 범주는 '그런 여성'의 행실을 비난하기 위한 근거로 사용된다. '그렇지 않은여성'은 언제든 '그런 여성'으로 추락할 수 있다는 위기감이 전이되면서모든 여성의 일상은 검열된다. 게다가 성차별적 시선에 의해 구축된 프레임 안에서 개별 여성들이 자신의 행실만으로 예외적 존재가 되는 것은 불가능하다. 무엇보다 여성들은 남성과 달리 자원화할 수 있는 몸을가진 자, 성적 차이 그 자체로 환원되고 있기 때문이다.

이 글은 혐오 실천자들이 문제 삼는 소비의 자격, 자원으로서의 여성의 몸이라는 실체가 여성 성기로 대표되는 생물학적 요인과 관련되기보다는, 여성을 성매매 여성으로 재탄생시키는 기획이나 소비 활동 등을 통해 문화경제 혹은 정치경제 영역에서 '만들어지고 있음'을 주장하고자 한다. 성매매를 통해 거래되는 것은 여성의 생물학적 몸이 아닌 특정한 체현(體現, embodiment)을 통해 만들어진 여성의 몸, 여성성임을 드러내고자 하는 것이다. 영어의 'embodiment'는 "추상적인 특성이 구체적인 형태로 표현되고 실현된다."라는 의미이며, 이 글에서는 체현이란 어떤 추상적 특성이 몸(body)에 부착되는(em-) 과정을 말한다. 다시 말해 성매매 여성으로의 체현의 과정은 곧 여성의 몸이 상품화되는 과정이기도 하다. 특정한 체현, 혹은 이를 만들어내는 소비 활동을 통해 여성들은 성매매 여성으로 재탄생하게 된다.

소비와 여성성에 대한 시각

소비와 여성성의 관계 혹은 이에 대한 담론 지형을 살펴보기 위해 우리는 먼저 자본주의라는 특수한 체제에 대해 생각하지 않을 수 없다. 자율적인 여성들에 대한 직접적 처벌과 이들이 가진 권위를 (남성들에게) 이양함으로써 자본주의적 전환이 이루어진 것을 통해 알 수 있듯[2] 자본주의는 태생적으로 여성성을 특정한 방식으로 정의해온 기획과 분리되지 않기 때문이다. 먼저 자본주의가 발달하는 데 여성들이 혹은 그들의 소비가 많은 영향을 미쳤다는 '단순한' 분석이 있다. 대표적으로 독일의 경제사회학자인 베르너 좀바르트(Werner Sombart)는 초기 자본주의가 사치·과시·낭비와 같은 경제적 행위를 통해 발전되었음을 주장하면서 이는 식민지 무역에서 비롯된 사치품 시장과도 밀접한 관련을 맺고 있다고 분석했다. 그는 사치스러운 의복·장식품·가구·음식·향료에 중독된 허영심 많은 고위층의 창녀와 정부(情夫)가 이러한 시장이 형성되

더 나은 논쟁을 할 권리

는 데 큰 역할을 했다고 본다.[3]

하지만 페미니스트 연구자들은 여성이 단순히 근대의 소비 주체로 등장한 역사적 사실을 기술하는 것을 넘어 소비에 대한 문제 제기가 여성에 대한 성적 낙인화와 함께 이루어졌고, 이것이 곧 근대성의 구성 원리가 되었음을 분석해왔다. 페미니스트 미학자인 리타 펠스키(Rita Felski)는 소비 범주를 통해 여성성이 비로소 근대의 중심에 놓였지만, 이러한 근대성의 여성화는 대개 근대성의 악마화와 같은 의미로 사용되었음을 분석한다.[4] 근대화 과정에서 등장한 근대성에 대한 이질적인 평가들은 여성성에 대한 상상력과 만나면서 쾌락적이고 탐욕스러운 위험한 성질로 둔갑하게 되었다.

또한 페미니스트 정치경제학자들은 여성들이 소비 담당자로 분류되는 자본주의적 전환의 과정 자체가 여성에 대한 폭력, 공적 경제 영역에서의 축출에 기반하고 있다고 주장한다.[5] 대표적으로 마리아 미즈(Maria Mies)는 앞서 언급한 좀바르트의 연구를 비판적으로 계승하며 근대 자본주의 체제의 성별 분업에 대해 분석했다. 그녀가 좀바르트를 계승한 부분은 식민지 무역으로 형성된 사치품 시장으로 인해 자본주의적 계급 관계의 포문이 열렸다고 분석하는 지점이다. 한편 그녀는 자본주의 체제 발전에서 중요하게 고려해야 하는 것은 '사치스러운 여성들' 그 자체가 아니라 유럽 엘리트 소비자를 위해 식민지에서 훔치고 강탈하고 교역해간 물품이 '숙녀'를 위한 사치품으로 간주된 역사, 다시 말해 식민화·폭력의 문제라고 지적하며 좀바르트의 연구를 비판한다.

이러한 폭력은 식민지에서 사치품을 수탈한 자본주의화의 과정뿐만 아니라 근대적 성별 분업 체계에 의해 여성들을 소비 담당자로서 가정

안에 안착시키는 '가정주부화(housewifization)'의 과정을 포함한다.[6] 가정주부화 과정은 효율성이라는 명목으로 여성들에게 성별에 따른 위치를 부여하는 자본주의적 재편 과정인 동시에, 여성들의 역할과 행실을 통제하는 성차별적 규범이 만들어지는 과정이기도 하다.

이처럼 성별 분업에 의거하여 소비는 여성성의 영역으로 할당되었다. 그것은 때로 충동적이고 분별없는 것으로 혐오되기도 한다. 여성성이 원시적인 것, 그래서 통제되어야 하는 대상이라는 의미를 갖게 되면서 특히 규범적 가정주부의 역할과 구분되는 소비의 영역은 경멸적인 교정의 대상이 되었다. 아마도 경멸적으로 여겨지는 여성화된 소비 영역에는 여성들의 외모 관리와 관련된 소비가 대표 격으로 놓여 있을 것이다. 이와 관련된 소비야말로 여성들의 원시적 욕망에 기반을 둔 대표적인 사치와 허영의 소비로 분류되기 때문이다.

그러나 여성들에게 외모 관리 소비는 여성으로서 출구를 찾기 어려운 가부장적 자본주의 체제의 미로에서 스스로 탈출구를 만들어내는 적극적 행위이기도 하다. 김은실은 현대사회의 소비, 소비되는 재화에 대한 이해는 소비자 개인의 합리적 동기보다는 재화가 위치하는 사회관계의 질서 속에서 접근되어야 함을 지적한 바 있다.[7] 여성들의 소비 경험에 대한 여러 연구가 이러한 주장을 뒷받침하는데, 동시대 한국 여성들이 소비사회에서 돈벌이가 갖는 힘, 외모가 갖는 힘을 간파하면서 외모 가꾸기 관련 소비에 몰두한다는 연구가 대표적이다.[8] 유사한 맥락에서 최근 신자유주의적인 문화 논리 속에서 여성들의 몸 관리, 외모 관리, 성형 등의 소비 활동은 '경쟁력 있는 나'를 만들기 위한 적극적인 실천으로 분석되기도 한다.[9] 물론 다른 한편, 한국 여성의 소비는 서구 여성의 그것과 달리 자신의 권리와 능력의 표현으로까지는 나아가지 못한 채 자기 위안에 머무른다는 주장도 있다. 한국 여성의 소비는 일자리 안에서 직면하는 구조적인 모순을 순간적으로 해소하는 방식으로 이루어지고 있다는 것이다.[10]

그렇다면 현대의 성매매 여성들이 외모를 관리하기 위해 실천하는 소비 행위에 대해 우리는 어떤 페미니스트 분석을 내놓을 수 있을까? 이는 앞서 지적했듯이 '몸 팔아 명품 가방 사는 된장녀'라는 표식이 여성들을 성적으로 낙인찍고, 나아가 혐오를 통해 여성성을 가시화시키는 대표 원리로 만들어지는 한국 사회의 배경과 밀접한 연관을 맺는다. 또한 현실의 성매매 산업에서 여성의 외모에 따른 차별 대우와 배치, 이동이 이루어지고 있기 때문에 이를 경험하고 있는 여성들의 생존 전략에서 외모 관리 소비가 중요한 부분을 차지하는 사실과도 관련이 깊다.[11] 성매매 여성들의 외모 관리 소비는 어머니 혹은 주부로서의 바람직한 소비라는 기준과 연동하며 현대사회의 소비 문제를 사회적·도덕적으로 문제시하고 병리화하는 대표 영역으로 꼽는다. 이러한 질문에 답하기 위해 이 글은 소비 행위를 통해 구성되는 여성들의 몸을 하나의 문화경제적 텍스트로 다루고자 한다.[12]

여성의 '재여성화 전략'과 외모 관리 소비

여성성은 고정된 것이 아니다. 그것은 시대와 맥락에 따라 각기 다른 방식으로 규정되고 매번 새롭게 갱신된다. 이와 관련하여 글로벌 경제

안에서 성매매 여성들의 몸이 국가 정체성을 체현하는 방식으로 등장하는 장면을 보여주는 흥미로운 연구가 있다. 베트남계 미국인 사회학자인 킴벌리 호앙(Kimberly Hoang)은 〈경합하는 체현의 테크놀로지〉라는 논문에서 글로벌 경제 내 베트남이라는 국가가 부상하고 자리매김되는 방식이 성매매 여성들의 계층화된 몸 프로젝트와 관련을 맺는다고 분석한다.[13]

이 논문에 따르면, 베트남 성매매 업소의 여성들은 어느 나라의 손님을 상대할 것인지에 따라 이상적 체현(embodied ideals)을 달리하고 있다고 한다. 여성들이 '접대'하는 남성들의 국적에 따라 각기 다른 방식으로 베트남을 대변하고 있기 때문이다. 예를 들어, '상급' 성매매 업소에서 여성들은 한국 비즈니스맨을 동반한 베트남 엘리트 남성들을 주로 접대하기 때문에 이들은 한국 스타일로 성형을 하고 화장을 하며 '범아시아적 모더니티'를 체현함으로써 베트남이 얼마나 경제적으로 성장했는지 보여주는 역할을 한다. 반면 저예산의 서구 남성 배낭 여행객들이 찾는 '하급' 성매매 업소의 여성들은 어두운 피부를 강조하는 이국적인 화장과 전통 복식을 통해 서구 남성들로 하여금 진짜 베트남을 체험하고 있다는 환상을 심어주는 방식으로 '의존적 제3세계'를 재현한다. 그러므로 이러한 성매매 여성들은 단순히 남성과 구분되는 생물학적 몸 자원을 지닌 이들이 아니라, 특정한 계층·인종·취향의 남성에 걸맞은 짝으로 기획되는, 성별화된 체현 프로젝트에 의해 만들어지는 존재들이다.

한국도 크게 다르지 않다. 다른 점이 있다면 한국은 '텐프로'에서 '노래방'까지 성매매 업소의 등급이 그 어느 나라들보다 훨씬 세분화되어 있다는 점이다. 개별 여성들은 이들의 말로 '와꾸'라 일컫는, 특정 업소에 진입할 외모 자격을 갖추어야 한다. 이러한 외모와 태도는 자연적으로 주어진 것이 아니라 여성들이 지불하는 외모 관리 비용과 밀접한 관련을 맺는다. 대표적으로 출근을 위해 미용실에서 머리를 손질하고, 화장을 받고, 옷(홑복)을 구입하거나 빌려 입는 비용이 여기에 포함된다. 하지만 성매매 업소에 종사하는 모든 여성이 동일한 비용을 지불하는 것은 아니다. 강남의 '중급' 룸살롱 여성들은 하루 3만 원 정도를 내고 브랜드가 없는 옷을 대여해 입지만, '쩜오'·'텐프로' 등 '상급' 업소에 속하는 여성들은 하루 8만 원에서 10만 원 정도를 내고 브랜드가 있는 옷을 대여해 입는다. 화장과 머리 손질에 드는 비용은 별도다.

업소의 등급에 따라 여성들은 차별화된 외모 관리 비용을 지출해야 하지만, 업소의 서열을 결정하는 데 중심이 되는 기준은 각 업소에 종사하는 여성들의 외모 등급이라고만 알려져 있다. 그 결과 여성의 몸 거래 및 남성들의 성 구매 행위는 마치 자연적으로 주어진 여성의 몸 가치에 따라 차별된 가격을 지불하는 것처럼 인식되고 있다. 동시에 여성들은 계속 업소에서 일하기 위해서는 외모 관리 비용을 조금도 줄일 수 없다고 말한다. 일일 지출 내역 외에 여성들이 자신의 '몸 가치'를 높이기 위해 다이어트나 성형을 하는 데 드는 장기적인 비용 역시 외모 관리 소비 영역에 포함된다. 이처럼 '아가씨로 출근하는 데 드는 비용', '아가씨가 되기 위한 비용'을 지출하는 것은 여성들의 '재여성화 전략'의 일환이다.

이러한 '재여성화 전략'은 캐런 호스펠드(Karen Hossfeld)가 제3세계 이주 여성 노동자들이 실리콘 밸리에서 벌이는 저항에 대해 분석하며 제시한 개념이다.[14] 자본주의 일터에서 남성 관리자들이 제3세계 여성 노동자들을 통제하는 근거로 사용하는 성·인종·계급·국적의 요인들을 여성들은 다시금 노동 저항의 근거로 사용한다는 것이다. 이 개념은 여성의 성 상품화에 대한 기존의 논의에서 여성들이 남성의 시선 안에 '머물러 있다'는 논의를 넘어 여성들이 상품성을 제고하는 '참여' 과정을 드러내도록 해준다. 다시 말해 "여성은 여성으로 태어나는 것이 아니라 만들어지는 것"이라는 그 유명한 진술을 '여성화'라고 말한다면, 이러한 '재여성화 전략'은 '여성으로 만들어진 이들이 다시금 세분화하여 성매매 업소에 걸맞은 차이를 지닌 여성이 됨으로써 여성성의 상품화를 가능하도록 하는 과정'을 설명한다.

물론 성매매 여성들의 이상적 체현의 과정, 외모 관리를 위한 소비 실천은 외부의 강제에 의한 억압적 과정이기도 하다. 하지만 성매매 여성들의 외모 관리 소비 활동이 여성들의 의사와는 상관없이 업주들이 단골 성 구매자를 확보하고 영업 이익을 얻기 위해 강요하는 영역이라고 단언하는 것은 이들을 외모 중심 소비 사회에 영향을 받지 않은 이들로 간주하는 분석이다.[15] 이러한 소비는 여성들이 스스로를 경쟁력 있는 상품으로 재여성화하는 전략적 행위이기도 하다. 이는 여성 개개인의 자유로운 선택에 의존한다기보다 성매매 업소에서의 다양한 장치와 연동하는 필수적인 실천의 과정으로 이해되어야 한다.

'초이스'를 위한 투자

성매매 업소에서 여성들에게 이상적인 몸을 갖도록 유도하는 대표적

더 나은 논쟁을 할 권리

장치는 '초이스'다. 모든 성매매에서 남성 구매자들은 파트너를 지목하고, 때로는 파트너로 지목된 여성을 다시금 교체할 수 있기 때문에 '초이스'는 성매매에서 필수적인 과정이다. 이는 성매매 업소 안에서 재미를 더하는 장치로 알려져 있지만, 남성 구매자들이 여성들을 비교한 후 자신의 파트너로 선택하는, 다시 말해 성을 구매하는 과정 그 자체다.

업소 여성의 외모에 따라 구매를 결정하는 이 '초이스' 단계는 여성들의 수입에 직접 영향을 미치기 때문에 성매매 여성들에게는 민감한 순간이다. 여성들은 "모든 것은 3초 안에 결정된다."라고 이야기한다. 하지만 전적으로 경제적 문제 때문에 업소에서 일하는 여성들이 이러한 '초이스'를 피해갈 방법은 없으며, 시작 단계부터 두 명 이상의 여성들과 경쟁할 것을 요구받는다. 그 결과 성매매 업소에서 여성들 간의 경쟁, 특히 외모와 첫인상과 관련된 경쟁은 필연적이다. '초이스 경쟁'에서 성공하기 위해서는 먼저 다른 여성들과 외적으로 유사하여 '통과(passing)'하되, 이에 더해 '다른 매력'을 가져야 한다.

이때 여성들이 말하는 '통과'란 자신이 동일시하고 싶거나 동일시해야 하는 집단의 일원처럼 보이는 것을 의미한다.[16] 다시 말해 성산업 종사 여성들이 성형을 위한 비용 지출을 포함하여 여러 미용 상품을 구입하는 일은 상품성을 체현한 여성의 무리 속에서 일차적으로 통과하려는 전략이다. 물론 옷과 헤어스타일, 화장에는 유행이 있고, 이러한 유행의 코드가 '예쁘다'는 평가의 감각을 지배한다. 그러므로 의류 대여 업체 혹은 의류 제작 공장에서 제공하는 유행 상품의 범위 안에서 룸살롱 여성들의 통과 여부가 결정된다.

여성들은 일차적으로 '초이스'에 성공하기 위해 업소 내 남성들의 시선, 외모 평가를 모두 수용한다. 또한 여성들은 룸살롱의 영업 담당 남성들이 손님들의 안목을 꿰고 있다고 믿으면서 자신들의 이상적 체현의 방식을 모색한다. 이러한 수용은 업소의 규칙이 '사회'와는 다른 방식으로 구성되어 있음을 전제한 것이다. 결국 '초이스'는 업소 내에서 남성의 구매력에 시선 권력이라는 힘을 더하고 이를 정당화하는 장치라고 볼 수 있다. 이러한 시선 권력을 극대화한 것이 도로에서 업소의 내부를 들여다볼 수 있도록 만든 '유리방'일 것이다. 동시에 강남의 '룸살롱 황제'가 2000년대 중반에 도입했다는 '매직미러'도 같은 효과를 만들어낸다.

'매직미러'는 거울 밖에 있는 남성들은 거울 안의 여성들이 보이지만, 거울 안쪽에 있는 여성들은 밖이 보이지 않도록 고안된 특수 거울을 의미한다. '매직미러 초이스' 업소는 '룸 초이스'와는 다르게 남성 구매자가 직접 여성들과 눈을 마주치며 '초이스'하지 않기 때문에 부담감이 덜하고, 마음에 들지도 않으면서 '초이스'하는 실수를 덜어낼 수 있다고 광고한다. 이러한 장치의 도입은 업소의 성공을 자동적으로 보장해주었다. 불과 1~2년 전까지만 해도 '매직미러 초이스' 업소는 예약을 하지 않으면 방문이 어려울 정도로 인기가 있었다.

여성들이 '유리방' 속에 진열되어 있고, 그중에서 마음에 드는 여성을 고르는 것이 가능하다는, 선택의 자유로움을 시각적으로 극대화하는 이와 같은 장치는 성매매 업소에서 남성들의 '초이스'를 신중하고 합리적인 소비 과정으로 정당화하는 동시에 선택에 '재미'를 더하는 요소로 사용된다. 또한 남성들이 여성을 평가하고 고르는 비인격적인 과정이 여성들에게 보이지 않도록 하면서, 여성을 구매하는 행위에 도덕적

면죄부를 주는 효과를 만들어내기도 한다.

이때 여성들이 남성들에 의해 '초이스'될 수 있는 외모를 만드는 '재여성화 과정'은 헤어스타일, 화장, 의상과 같은 여성들의 미용 상품 구입 과정 그 자체에 다름 아니다. 여성들의 이러한 자기 투자 비용은 '초이스'를 통해 빠르게 차익으로 돌아온다. 그럼으로써 이 업종에서 일하는 목적을 달성한다.

하지만 앞서 소개했듯이 성매매 업소에 종사하는 모든 여성이 동일한 비용을 지불하는 것은 아니다. '중간급' 업소의 여성이 유명 브랜드의 의류를 대여하는 것은 타산에 맞지 않는 일일뿐더러 무엇보다 '초이스'를 위해 좋은 전략이 아니다. 일반적으로 여성들은 '하급' 업소에 속할수록 노출이 심한 옷을 입는 경향이 있다고 설명한다. 이처럼 업소에 따라 옷이 달라지는 것은 해당 여성이 '어떤 서비스를 제공할 것인지'를 남성 구매자들에게 알리기 위해서다. 업소의 등급은 여성들이 제공하는 서비스의 종류에 따라 나누어지기 때문이다.

예컨대 현재 프리랜서 성매매, 다시 말해 '조건 만남'을 하고 있는 한 여성은 최근 평범한 헤어스타일로 바꾸었다. 자신은 원래 '야한 색'의 긴 머리였는데, 업소를 바꾸는 사이에 잠시 동안 조건 만남을 하려고 평범한 색으로 염색하고 단발로 잘랐다는 것이다. 조건 만남을 위해서는 '평범한 아가씨'라는 연출이 더 유리하다고 설명한다. 남성들은 "직업여성이 아닌" "평범한 여성들"에게서 "색다른 느낌"을 얻고자 '조건 만남'을 한다는 것이다. 그러다 보니 원래 자신은 짧은 치마나 가슴이 많이 파인 "야한 옷"을 좋아하지만 "평범한 아가씨"처럼 보여야 하므로 "업소 아가씨가 아니라는 표지를 다시금 구입해야만 했다."라고 말한다. 헤어스타일을 바꾼 것과 마찬가지의 이유다.

그렇다면 여성들의 외모 관리 소비 내역을 결정하는 것은 단순히 자기 치장의 욕구가 아니라, 스스로를 특정 등급 업소에 속한 '아가씨'로 연출해야 하는 업소 내 규칙, 질서와 관련을 맺는다. 특정 업소를 찾아 특정 요구를 하는 남성들에 걸맞은 여성으로 연출하고 코드화하는 과정이 곧 이러한 소비의 핵심이다. 그러므로 외모 관리와 관련된 여성들의 소비는 여성들이 거래 가능한 몸으로 스스로를 '재여성화'하는 과정 그 자체이며, 이 때문에 모든 '아가씨'는 이러한 비용 지출을 피할 수 없게 된다. 이것은 특정 장소에서 요구하는 의미를 몸에 새긴 '성매매 여성 되기'의 한 과정이기 때문이다.

여성들의 '재여성화 전략'에서 최고의 투자는 성형수술이다. 잘 알려져 있다시피 한국의 성형 시장은 세계적인 규모로 알려져 있는데, 그중에서도 서울의 강남에만 600개가 넘는 성형외과가 자리할 정도로 강남 집중도가 높은 편이다. 강남이 성형 시장의 메카가 된 것은 강남 유흥업소 여성 종사자들이 잦은 성형을 하는 것과도 밀접한 관련을 맺는다. 강남 성형외과 상담실장 경력 15년의 여성은 한 여성지 인터뷰에서 단골손님 직업군의 첫 번째로 '유흥업소 종사자'들을 꼽는다.[17]

여성들은 손님들이 '관리된 여자'를 원하기 때문에 업소에서 일하기 위해서는 성형수술이 필수라고 이야기한다. 이들의 설명에 따르면 '관리된 여자'는 '내 여자'의 대항적인 개념이다. '관리된 여자'는 (강남의) 룸살롱에 가면 만날 수 있는 여자가 된다. 최근 '성괴(성형괴물)'라는 말이 널리 퍼지면서 성형을 한 여성들에 대한 비하와 경멸이 심화되고 있지만, 사실 성매매 업소에서는 일반적으로 성형을 한 '관리된 여자'

들의 인기가 높은 편이다. 한 여성은 강남의 룸살롱에서 일할 때 어떤 손님이 "나도 강남 왔는데 이왕이면 다른 사람 앉혀보고 싶다."라며 '뺀찌(퇴짜)'를 놓았다는 일화를 전한다. 성매매 업소 외부에서는 성형을 하지 않은 평범한 여성이 남성들에게 인기를 얻을지 몰라도, 성매매 업소 내부에서는 '사회'와는 다른 기준들이 '가성비'와 관련되어 작동한다.

일본의 페미니스트 오구라 도시마루(小倉利丸)는 시장경제에서의 교환은 재분배와 호혜 관계에서의 그것과 달리 사는 쪽의 욕망이 선행한다고 설명하면서 왜 아직 손에 넣지 못한 그 물건을 갖고자 하는지, 소유보다 욕망이 선행하는 이유를 상품이 되는 물건 그 자체만으로는 설명할 수 없다고 해석한다. 이어 정보화한 상품의 심상을 사는 쪽에 전달하는 역할을 담당하는 패러마켓(para-market)에 대한 분석을 내놓는다. 오구라에 따르면, 성 시장의 패러마켓은 성의 '남성 문화'에 의존하는 동시에 '남성 문화'를 생성해내는 방식으로 성 시장에 개입한다.[18] 이와 같은 분석은 성매매를 가능하도록 만드는 조건이 단순히 여성들의 몸 자체에 있는 것이 아니라 여성들의 신체가 특정한 심상과 연결되어야 한다는 점을 이해할 수 있게 해준다. 다시 말해 여성들이 성매매를 통해 이익을 창출하기 위해서는 특정한 이미지와 연동하는 태도, 외모를 보여주어야 한다.

그러므로 '초이스'를 기반으로 작동되는 성매매 업소 안에서 여성들은 '통과'되어 구매 욕망을 불러일으키는 상품이 되기 위해 성형을 필수적인 투자 품목으로 계산한다. 여성들은 성형 이후 '예쁜 얼굴'을 갖게 되었을 때 영업 담당자들의 스카우트에 의해서 상위 업소로 진입할 수도 있고 '초이스'도 잘되기 때문에 '편한 업소 생활'을 기대할 수 있다고 생각한다.

그렇다면 성매매 여성들의 '외모 관리 소비' 활동은 성 시장의 패러마켓을 실현 가능하도록 만드는 '초이스'나 '빼찌' 같은 성매매 업소 내 다양한 장치와 연관해서 분석되어야 할 것이다. 이러한 소비는 단순히 명품을 구입하고 자신의 외모를 가꾸는 개인적 실천이 아니라 각 등급 업소에 속한 여성이라는 표식을 구매하는 실천으로 해석되어야 한다. 그러므로 성매매 여성들의 '재여성화 전략'은 소비에 대한 개인적 열망이라는 의미를 넘어서 여성들이 자기 투자의 명목으로 업소 진입 비용을 지불하는 것이자 '초이스' 가능성을 체현하는 여성 몸의 상품화 과정 그 자체를 의미한다고 볼 수 있다. 그렇다면 여성들의 이러한 상품화로 결국 이익을 얻는 사람은 누구인가?

성매매 여성의 '성형 대출'

성매매 여성들은 업소에서 일하는 기간을 인생의 유예된 시간으로 생각하고 '이곳'에서의 삶이 '사회'에서의 삶과 분리되어 있다고 믿는다. 그런데 업소에서 '통과'하기 위한 전략으로써 외모 관리 소비를 하고 성형을 하는 것은 역설적으로 이들을 점점 '사회'로부터 멀리 떨어지도록 만든다. 그것은 무엇보다 그들의 투자 비용과 관련이 있다. 만약 한 여성이 이마와 코, 턱 성형수술을 하게 된다면 2,000만 원 정도의 비용이 필요하며, 최소 두 달 정도는 부기 때문에 일을 할 수 없다. 결국 이 여

더 나은 논쟁을 할 권리

성은 성형수술 비용을 벌기 위해 성매매 생활을 연장해야 한다. 여성이 성매매로 얻은 수익을 모두 가져가는 구조가 아닌데도 이와 같은 '투자' 비용이 모두 개인에게 전가된다는 측면을 고려할 때, 그 결과는 더욱 명백하다. 앞서 언급했듯 페미니스트 연구자들은 신자유주의 시대 자기 계발의 통치 합리성 속에서 여성들이 자신의 경쟁력을 높이기 위한 적극적인 실천 전략으로 성형을 한다고 분석한다. 하지만 이러한 분석은 여성들의 '자기 투자'가 누구의 이익 실현으로 이어지고 있는지에 관한 논의로 나아가지 못했다.

최근 성매매 업소에 종사하는 많은 여성은 성형수술을 받기 위해 대출 상품을 이용하고 있다. 이러한 '성형 대출'은 여성이 일하고 있는 업소, 업주의 간단한 확인을 거친 후 승인된다는 측면에서 명백하게 성매매 산업 안에서 통용되는 대출 상품이라고 볼 수 있다. 몇 퍼센트의 여성들이 성형수술을 위해 대출 상품을 이용하는지에 대한 공식적인 통계는 없다. 그러나 이보다 중요한 점은 이러한 대출 상품이 최근 여성들을 성매매 산업으로 인입시키고 결박하는 중요한 수단으로 적극 활용되고 있다는 점이다. 성매매 산업에서 '아가씨'라는 조건은 신용을 활용하기에 더없이 좋은 조건이다. 이들은 손쉽게 현금을 만들어낼 수 있는 존재로 간주되기 때문이다.[19] 동시에 여성들은 업소 안에서 가장 짧게 머무르며 가장 높은 수익을 거두기 위해, 즉 시간 대비 최상의 이익을 만들어내기 위해 투자 비용이 필요하다는 사실을 인식하게 된다. 이들은 외모 관리 소비를 포함한 다양한 투자 비용을 지출하여 빠른 시간 안에 극대화된 수익을 거두기를 기대한다.

심지어 성형 대출 상품과 성형외과가 공모하는 사례도 있다. 최근 성형외과에서는 '대외사업부' 혹은 '마케팅팀' 등 전담 부서를 두고 성형 브로커들과 거래한다는 사실이 널리 보도된 바 있다. 이에 대해 병원 관계자들은 "그렇게라도 해서 환자를 유치해야 할 만큼 사정이 어려웠다."라고 진술한다.[20] 관련 기사에 따르면, 경찰에 붙잡힌 브로커들은 2011년 11월부터 2012년 4월까지 5개월간 유흥업소 종업원과 대학생 등 260명에게 성형수술을 알선해주고 수수료 7억 7,000여만 원을 챙겼다고 한다. 이들은 성형외과에 상담을 받으러 온 여성을 대상으로 성형 수술 부위를 추가하도록 권유한 뒤에 대출 업체를 소개해주기도 했다.

외모 관리 소비가 성매매 업소의 필수적인 진입 비용이 되고 있는 상황, 이를 필수적인 것으로 만들어내는 장치 속에서 여성들은 많은 수수료와 이자를 지불하면서 부채를 차입해 계속적으로 자기 투자를 해야만 한다. 하지만 수술 비용의 대략 30퍼센트 이상이 수수료, 대출이자 등으로 브로커에게 건네지는 단계에서, 또한 10퍼센트의 선이자가 추징되는 과정에서 모든 비용은 성형수술을 하는 여성에게 전가되는 구조다. 실제로 2015년 수수료와 이자 명목으로 병원에 수술비의 43퍼센트를 청구한 강남 성형외과 브로커들이 입건되기도 했다.[21] 자기 투자는 자기 삶의 안전장치를 스스로 마련하라는 개별화된 명령에 의해 이루어지는 것 같지만, 어떤 이들은 이를 타인 여성의 삶 전체에 대한 수탈을 통해 수익을 마련한다. 그리고 이러한 성매매 산업을 중심으로 복잡하게 얽혀 있는 자기 투자의 회로에서 실제적인 현금 흐름을 만들어내는 사람은 오직 성매매 여성뿐이다.

성형수술은 이제 성매매 업소에서 돈을 벌고자 하는 여성들에게 필수적인 투자처럼 되었으며, 동시에 성형수술을 하고자 하는 여성들을 성매매 업소로 불러들이는 효과를 낳는다. 이를 통해 볼 때 성형수술을 한 여성들 사이에서 또다시 '초이스' 경쟁이 발생할 것이라고 예상할 수 있다. 그러므로 성형수술은 사실상 성매매 산업에서 자유로울 수 있는 '자유 이용권'이 아니라 '필수적 진입 비용'일 뿐이다. 그런데도 여성들이 계속 성형수술을 하는 것은 언젠가는 '상급 업소', '텐프로'에 진입 가능한 프리 패스를 가질 수 있다는 열망에서 비롯된다. 하지만 이러한 열망은 '텐프로' 업소가 얼마나 편하게 일할 수 있는 업소인지를 설명해 주는 것이 아니라 단지 여성들이 현재 속해 있는 성매매 업소가 얼마나 불만족스러운지를 설명하는 근거다.

성매매 여성들의 소비를 말한다는 것

지금까지 살펴본 것처럼 다양한 미용 목적의 소비, 성형수술 등 성매매 여성들의 외모 관리 비용은 성매매 여성으로 체현되는 비용이라고 볼 수 있다. 이는 특정한 시장에 머물기 위해 요구되는 일종의 진입 비용이다. 이러한 진입 비용의 목적은 여성들로 하여금 남성 구매자들이 각각의 시장에서 구매하고자 하는 상품의 표지를 적절하게 선택하도록 만드는 것이다. 이들의 차이는 여성들이 '자연적으로' 배치되었다고 여겨지는 업소의 등급, 이 업소를 찾는 남성 구매자들의 취향과 요구에 따라 결정되기 때문이다. 이러한 각각의 업소, 상황에서 '초이스' 가능한 여성으로 거듭나기 위해서는 연출 비용, 원료 구입비를 투자할 수밖에 없다.

성매매 여성들의 외모 관리 소비 활동을 통해 성매매를 이해하는 것은 특정 직업군 여성들의 소비 행태를 기술하려는 의도가 아니다. 이 글은 여성 상품화 과정에 대한 사고 없이 성매매 문제가 개인들의 행위·동의·욕망의 문제로 축소되고 있는 현실 담론에 개입하고자 하는 목적에서 비롯되었다. 여성이란 존재를 판매 가능한 여성성을 지닌 상품으로 여기는 것, 다시 말해 성매매를 가능하도록 하는 젠더 동학은 자연 발생적으로 주어진 것이 아니라 남성 중심적인 문화경제·정치경제 속에서 매번 새롭게 갱신되면서 발명되는 산물로 이해되어야 한다. 구체적으로 거대한 미용 성형 시장, 대출 시장이 성매매 업소와 밀접하게 연결되어 공모하고 있었다.

글의 서두로 돌아가면, '몸 팔아 명품 가방 사는 된장녀'라는 담론은 잘못된 분석이다. 여성들은 시장에서 구입한 '된장녀'라는 표식을 체현함으로써 비로소 성매매 산업에 진입할 수 있는 몸을 갖게 된다. 결국 성매매 산업과 이 산업을 둘러싼 미용 소비 시장을 경유하면서 성매매 여성들은 이중, 삼중으로 소비되는 결과를 낳는다. 그러므로 이제 우리는 성매매 문제에 대해 분석하고 사유하기 위해 성매매를 경험한 여성이 스스로 동의했다는 언설이나 몸 자체의 고통에 천착하는 것을 넘어 이 시대 여성들의 몸을 특정한 심상과 연결시키는 자본의 전략, 전방위적 여성 상품화의 메커니즘 등에 대해 끊임없이 개입하고 문제시해야 할 것이다.

○

4장

신자유주의 시대
10대 여성의 자기 보호와 피해[1]

민가영

○

폭력을 견디는 것이
자원에 접근할 수 있는 길이 된다는 것,
이것이 10대 가출 여성이 처한
절망적 현실이다.
원치 않으나 생존을 위해 참는 것을
자발성으로 해석해서는 안 된다.
그것은 선택도 자발성도 아니다.
그저 참는 행위다.

○

이 글을 쓰게 된 계기는 10여 년 전으로 거슬러 올라간다. 10대 가출 여성들의 삶을 들여다보다가 우연히 10대 가출 남성들의 경험을 같이 볼 기회가 있었다. 여성들이 성매매로 생계를 유지하는 것과는 달리 남성들은 주로 절도나 사기로 돈을 구했다. 절도와 사기로 잡힌 남성들이 받는 처벌에 비해 여성들은 청소년성보호법에 의해 상대적으로 가벼운 처분을 받았다. 그런데 그 과정에서 남성들은 자신의 인생을 바꿀 만한 기회나 계기를 얻는 반면, 여성들은 사회가 인정해줄 만한 전형적인 피해자의 모습을 취하는 방법을 학습하는 것을 보았다. 그때부터 10대에 대한 보호주의가, 피해자의 시선으로만 아이들을 보는 것이 여자아이들을 살리는 게 아니라 오히려 망치고 있다는 생각이 들었던 것 같다.

처벌이 답이라는 소리가 아니다. 또한 10대 가출 여성을 위한 최소한의 지원을 하는 쉼터와 기관의 노력이 소용없다는 소리도 아니다. 10대 가출 여성들이 자신들을 성적으로 착취하는 현실에 대응하기 위해 10대 성 보호주의를 전유하여 자신들의 삶을 고립시켜가고 있는 현실을 '그들의 의미 체계' 안에서 '그들의 언어'로 들여다보지 않는다면 그 세계에 갇힌 그들과 접촉점을 만들어내지 못하리라는 생각이 들었다.

구조적 위험과 개별화된 자기 보호

10대 성매매 여성의 경험을 2000년대 초기부터 추적한 김연주[2]는 2000년대 초반과 후반의 가장 큰 차이를 개인형 성매매가 기존의 산업형 성매매로 회귀하고 있는 현상을 들었다. 그런 이동이 일어난 가장 큰 이유는 10대 여성들이 '조건 만남'을 하면서 육체적으로나 심리적으로 다양한 위해를 당하기 때문이라고 보았다. 10대 여성들은 성매매 과정에서 합의된 비용을 지불하지 않고 가는 남성, 콘돔 사용을 거부하는 남성, 물리적 폭력을 행사하는 남성에 이르기까지 스스로 대처하기 어려운 수준의 위협을 많이 겪는다. 이러한 폭력과 위험에서 자신을 보호하기 위해 10대 여성들이 '집단의 힘'에 의지했던 것이다. 이들은 자신을 보호해주는 무리를 만들기도 하고 성매매 여성을 관리하는 조직 속으로 들어가기도 했다.

그러나 이러한 경향은 신자유주의 시대 각자도생이 만연해진 2010년대 중반에 들어서 또 다른 양상으로 변화하고 있다. 이제는 사회가 개인의 불운에 대해 집단적 지원을 보장하지도, 약속하지도 않는다. 이런 상황에서 개인이 선택할 수 있는 길은 자원이 많은 사람은 많은 사람대로, 적은 사람은 적은 사람대로 자신이 가진 모든 것을 자원화하면서 불확실한 삶 속에서 살아남는 것뿐이다. 각자도생의 시대는 또래 집단의 의미도 파괴하고 있다. 10대 성매매 여성들에게 보호막이 되어주기도 했던 또래 집단은 내부의 강력한 위계를 지닌 집단으로 바뀌었고, 또래 그룹 내부에서조차 이들은 이제 타인에게 기대는 대신 자신이 가진 자원에만 의존하게 되었다.[3]

김은실은 신자유주의가 개인을 행위의 주체로 상정하면서 개인이 가진 모든 것을 자원화하게 만들지만 동시에 많은 부분에서 개인의 자발성이 만들어질 수 있는 여지를 키우고 있음을 지적한다. 그리고 이러한 맥락에서 이 시대에 '성적'이라는 것 역시 더 다양한 방식으로 구성될 수 있을 것이라고 본다.[4] 그렇다면 생존의 개별화를 촉진하는 사회 조건 속에서 성 보호주의와 성의 상품화라는 모순적 구조에 노출된 10대 여성들은 어떠한 자기 보호를 사용하게 될까?

　이 글에서 사용하는 '자기 보호'는 '개인의 자발성'에서 발휘되는 행위가 아니라 자신이 처한 '구조적 제약 속에서 제한적으로 발휘되는 행위성'을 의미한다. 이는 한국 사회에서 10대를 바라보는 관점의 변화와 개인의 행위성을 중요하게 고려하기 시작한 지적 계보의 산물이다. 과거 10대 가출 여성에 대한 논의는 주로 그들이 겪는 위험과 피해에 초점을 맞추어왔다. 한국 사회에서 이러한 시각에 전환을 가져온 것은 청소년을 '문제'가 아닌 '존재'로 바라볼 것을 제안한 조한혜정[5]의 논의였다. 조한혜정의 논의는 이후 청소년의 행위성과 권리를 사고하는 데에 전기적 변화를 마련해주었다.[6]

　10대 가출 여성들에 대한 논의의 초점을 구조의 무기력한 피해자가 아니라 행위성에 맞추는 것은 가해자에게 면죄부를 주려는 것도 아니며 책임을 피해자들에게 전가하려는 것도 아니다. 이들의 행위성을 보기 시작한 이유는 '강압과 폭력/선택과 자발성'이라는 이분법에 포획되지 않은 채 설명되지 않고 논의의 그물망 밖으로 빠져나가는 경험 때문이었다. 그리고 10대 가출 여성을 위한 보호주의적 대안이 이들에게 가닿지 못하고 부서지는 상황에 대한 의문 때문이었다. 성매매를 한 10대 가출 여성들 모두가 감금되거나 맞거나 억지로 끌려가서 성매매를 하지는 않았다. 이들은 자신이 가격과 조건을 제시하고 더 많은 팁을 얻어내기 위한 방법을 친구들과 함께 궁리했다. 그러나 동시에 이들은 성매매를 원하지도 않았다. 원하지 않았으나 적극적으로 참여한 이들의 경험을 무엇으로 설명할 것인가? 이들의 '피해 참여'를 이끌어낸 '권력 구조'는 무엇인가?

원하지는 않았으나 적극적으로 참여할 수밖에 없었던 이들의 경험을 설명하기 위해 10대 가출 여성의 연구에 행위성의 개념이 도입되기 시작했다. 탈식민주의 이론이 보여주고 있듯이 권력관계는 그것이 지배하려는 대상의 참여를 통해 작동하기 때문에 피지배 대상에게 부분적으로 의존하고 있다. 따라서 상대적 약자의 행위성은 이들의 참여에 의존하고 있는 권력구조의 관계 속에서만 이해될 수 있다. 마리아 루고네스(María Lugones)는 자신의 이익에만 갇혀 있는 무관심과 도움이 필요한 타자로서 누군가를 정형화하는 것 모두를 비판한다.[7] 타자의 정형화는 자신의 양심을 확인하기 위해 타인을 도구로 삼는 것 이상의 의미를 지니지 않기 때문이다. 그리고 이런 방식으로 우리는 결코 '타인'을 만날 수 없다. 그들은 자신을 드러내는 대신 자신을 둘러싼 정형화된 프레임 안으로 자신을 기꺼이 구겨 넣기 때문이다.

각자도생 시대의 가출 문화

과거 10대 여성들이 폭력이나 과도한 노동, 방임 등의 이유로 집을 떠났다면 이제는 부모들이 먼저 집을 떠나기도 한다. 인간의 유대가 취약해지고 깨지기 쉬운 조건에서는 어느 한곳에 자신을 얽매여놓지 않고 가볍게 돌아다니는 것이 힘의 자산이 된다. 10대 여성들은 삶에서 이러한 측면을 가족 관계를 통해 적나라하게 경험한다. 신자유주의의 사회적 다위니즘은 옳고 그름에 대한 보편적인 기준을 지우고 자신에게 이익이 되는 것을 새로운 기준으로 심어놓았다. 자신에게 '이익'이 되지 않는 가족은 물질적으로 정서적으로 서로를 분리하는 것을 고려하게 된다. 불행하게도 이러한 변화는 부모에게서 먼저 시작되었다.

서연(가명. 인터뷰에 응한 이들을 보호하기 위해 가명을 사용한다)은 일곱 살 때 아빠가 경제적 어려움으로 집을 일방적으로 떠난 후 엄마와 함께 외조부모의 집으로 들어갔다. 그렇게 1년여를 살던 중 엄마가 말없이 집을 떠났고, 서연은 외조부모와 어렵게 살아가게 되었다. 그렇게 떠났던 엄마는 4년 후 서연을 데리러 왔고, 본인이 교제하는 남성의 집으로 서연을 데리고 갔다. 서연이 엄마의 동거남과 잘 지내지 못하고 가출을 했다가 집으로 돌아왔을 때 서연을 기다리고 있었던 것은 "네 엄마는 이 집에서 나갔다."는 동거남의 말뿐이었다. 또다시 엄마에게 버려진 서연은 본격적으로 가출 생활을 시작했다. 가출 생활을 하며 얹혀살던 지인들의 집에서 서연은 본인처럼 부모에게 버려진 아이들을 어렵지 않게 만났다. 자신과 가출 생활을 함께한 언니를 따라 그녀의 집에 들어갔을 때 그곳에는 그 언니의 이모가 버려두고 간, 누구에게도 돌봄을 받지 못한 어린아이들이 있었다.

집과 자녀를 떠난 부모들이 자녀와의 관계를 완전히 단절하는 것도 아니다. 부모들은 자신들의 필요에 따라 자녀들과 다시 조우하기도 한다. 영현(가명)은 함께 노래방에서 일하던 남녀 세 명과 함께 새로운 삶을 찾아 제주도로 떠나게 되었다. 노래방 도우미와 웨이터로 일하던 이들은 유흥업을 중단하고 성실하게 일해서 잘 살아보자는 꿈을 가진 채 제주도에서 월세방을 얻고 각각 배달, 서빙 등의 아르바이트로 돈을 벌며 제주 생활을 시작했다. 이때 남자 친구 중 한 명의 아버지가 일 때문에 제주도에 오게 되었다. 마땅히 머물 곳이 없었던 아버지는 자신이 집을 떠난 후 한 번도 연락하지 않았던 아들과 SNS로 접촉하여 아들이 친구들과 자취하고 있는 집에 와서 신세를 지고 떠났다. 가족 관계가 서로의 이해관계를 중심으로 단절되고 다시 일시적으로 결합하고 있는 것이다.

가출 후 동거하는 자식의 집에 와서 신세를 지고 가는 아버지, 자녀를 떠난 후 연락을 끊었다가 어느 날 광고 메시지처럼 느닷없이 SNS 메시지를 툭 한번 던져보는 어머니의 등장은 단지 개념 없는 비정한 몇몇 개인의 문제로 치부할 수만은 없다. 현재 빈곤층 부모의 변화가 보여주는 핵심은 단순히 관계가 깨지거나 단절되는 데 있지 않다. 이들은 익명성을 등에 업고 나서야 구현할 수 있는 관계의 모습을 많이 보여준다. 이러한 부모의 변화로 인해 10대 가출 여성들은 물질적 지원의 박탈뿐만 아니라 인간에 대한 근본적인 신뢰가 박살나는 경험을 한다. 이런 점에서 10대 가출 여성들은 거의 '벌거벗은' 상태로 세상에 내던져진다.

각자도생의 논리는 또래 집단 속으로도 파고든다. 여전히 많은 10대가 거리에서 만난 또래에게 순간순간을 의지하고 마음 붙이며 살아간다. '가출 팸' 안에서 가짜 엄마, 가짜 아빠, 가짜 아이들 역할까지 나누

더 나은 논쟁을 할 권리

어 '엄마', '아빠'가 퇴근할 시간이 되면 전화해서 맛있는 것을 주문하기도 할 만큼 이들은 가족의 의미를 쉽게 놓지 못한다.

그런데 최근 들어 혼자 방을 얻어서 혼자 조건 만남을 하며 혼자 생활하는 10대 가출 여성들이 눈에 띄게 늘어나고 있다. 그리고 또래들과 함께하더라도 '함께'의 의미가 예전과 확연히 다르다.

개인이 지닌 자원에 기반을 두고 경쟁에서 살아남을 것을 명령하는 신자유주의적 개인화 시대에 10대 가출 문화는 이제 동질성을 강조하지 않는다. 함께 재미있게 놀고 동질성을 경험했던 10대들은 이제 자신이 가진 것들 중에 무엇이 자원이 될 수 있는지를 정확하게 간파하여 같은 10대들을 상대로 권력을 행사하고 착취하기에 이르렀다.[8] 동질성이 강조되던 또래 문화에서는 모두 같은 눈썹 모양과 화장, 짧은 교복 치마를 통해 동질감을 공유했다면[9] 개인이 지닌 자원에 기반을 두고 권력을 행사하는 것이 중요해진 또래 문화에서는 자신의 압도적이고 예외적인 권력을 전시할 수 있는 '문신'과 같은 표식에 집착한다. 최근의 또래 집단에서 확인할 수 있는 것은 자원을 중심으로 한 권력의 우열, 즉 권력 위계에서 각기 다르게 분포하고 있는 '개인'이다. 각자도생의 시대는 10대 가출 여성들에게서 집단화된 지원을 박탈한다.

성 착취와 성 보호주의의 모순적 공존

학업을 중단하고 가출을 해서 성매매를 하고 있는 10대 여성들은 미등록 이주 노동자와는 또 다른 의미로 미등록된 익명성 속에서 살아간다.

이들은 가족에게서 단절되었고, 학교를 다니지 않으며, 공식적으로 등록될 수 없는 조건 만남이나 노래방 알바, 키스 알바, 애인 대행 알바 등을 하며 산다. 이들은 어느 날 갑자기 사라진다 하더라도 그 존재의 유실감이 사회의 공식적인 망에 포착되지 않는 미등록된 사람이다.

서연과 지연(가명)은 조건 만남을 하면서 예측할 수 없는 성 구매자(매수자)들의 행동에 노출되었다. 이들은 성매매를 하고 나서 돈을 주지 않으려고 계속 차를 타고 돌다가 자신을 차 밖으로 미는 남성이나 사디스트 성향의 성 구매자 등을 만났을 뿐만 아니라, 자신의 의지를 묵살한 채 성매매를 요구하는 남성에게 저항하다가 산에 버려지기도 했다. 이들의 경험은 물리적 폭력 이상의 의미를 지닌다. 이들이 그 순간 느낀 가장 큰 폭력은, 누군가 자신을 함부로 대해도 사회적 보호막을 갖지 못했다는 자신의 현실에 대한 확인이다.

영희(가명)는 조건 만남을 하면서 겪었던 가장 충격적인 일로 성 구매자의 칼부림을 꼽았다. 모텔에서 만난 후 갑자기 돌변한 성 구매자는 자신이 유흥업소 사장이라고 소개한 뒤 '너처럼 조건 만남을 하는 아이들 때문에 아가씨 구하기가 어렵다'며 자신의 업소에 들어오라고 협박했다. 영희는 다시는 조건 만남을 하지 않겠다고 빌며 간신히 위기를 모면했다. 자신과 그 남성 외에는 아무도 없던 공간, 그 공간에서 자신에게 칼을 들이대던 성 구매자, 반항이 곧 죽음일 수밖에 없던 상황, 설령 죽는다 하더라도 자신의 죽음 정도는 깨끗하게 묻힐 수도 있는 처지, 처음 보는 사람의 손에 자신의 목숨이 달린 현실, 살기 위해 하지도 않은 잘못에 용서를 빌어야 하는 굴욕 등이 복합적으로 남긴 것은 단지 두려움뿐만은 아니었다. 이 경험은 단순한 몸과 마음의 상해를 넘어 사

회에서 합법적으로 존재할 수 없기 때문에 아무렇게나 취급될 수 있는 추방된 존재에 대한 확인이었다.[10]

10대 여성들은 이 과정에서 다양한 방법을 사용하여 자신을 지키고 자 했다. 허용 가능한 규칙을 정하고 제시하기, 자신을 도와줄 수 있는 또래 친구들과 함께 움직이기, 조직화된 성매매 집단 속으로 들어가 성 구매자에게서 보호받기[11] 등을 통해 성매매 과정에서 발생할 수 있는 예기치 않은 폭력으로부터 자신을 보호하고자 했다.

여기에 덧붙여 최근 들어 발견되는 현상은 자신을 사회가 인정해주 는 전형적인 피해자의 모습에 맞추면서 사회적 지원 속으로 들어가는 것이다. 야산에 물건처럼 버릴 수 있는, 여관방에서 죽여버릴 수도 있 는 남성 사회에서 자신을 보호하고 사회의 합법적인 지원 속으로 들어 갈 유일한 방법은 이 사회가 용인해주는 피해자의 위치를 승인받는 것 이다.

성매매는 여성에 대한 구조적 폭력이다. 정희진이 지적했듯이, 성매 매는 성적 자기결정권의 문제가 아니라 성별, 성차별, 불평등한 성적 교환 없이는 작동하지 않는 인권의 문제다.[12] 여성들이 감금되어 성매 매를 하건, 온라인 앱을 통해 구매자를 찾아 성매매를 하건, 이 경험은 여성에게 피해다. 성매매에서 구매자가 사는 것은 단순한 몸이 아니라 타인의 몸을 마음대로 할 수 있는 시간과 권리이기 때문이다. 그러나 성매매를 하는 10대 여성들은 그 과정에서 폭력과 착취를 당해도 피해 를 드러내기 꺼려하며 성매매를 지속한다. 비록 그들이 성매매를 원하 지 않더라도 자신을 지원해주는 사람을 만나기 어려운 이 세상에서 성 매매는 생존을 위한 최소한의 '생계 수단'이기 때문이다.

특히나 청소년 보호를 명목으로 청소년의 노동권을 부정하는 이 사회에서 부모의 동의가 없는 10대 가출 청소년의 노동력은 최저임금조차 주지 않아도 되는 노동력으로 취급되기 쉽다. 성매매뿐만 아니라 이들이 가출 생활을 하며 당하는 억압이나 폭력, 착취는 굳이 말할 필요도 없다. 그러나 그들이 원치 않는 억압과 폭력을 견디는 이유는 절망스럽게도 바로 그것을 통해 자원에 접근할 수 있기 때문이다. 폭력을 견디는 것이 자원에 접근할 수 있는 길이 된다는 것, 이것이 10대 가출 여성이 처한 절망적 현실이다. 원치 않으나 생존을 위해 참는 것을 자발성으로 해석해서는 안 된다. 그것은 선택도 자발성도 아니다. 그저 참는 행위다. 그랬던 그들에게 자신이 '피해자임을 증명'하고자 하는 순간이 온다. 원치 않았으나 생존을 위해 참았던 폭력이 감당할 수 있는 수준 이상이 될 때가 바로 그 순간이다. 그때 이들은 10대 성 보호주의를 붙잡고서 사회가 인정해주는 피해자의 모습 아래 자신을 숨긴다.

10대 가출 여성이 성적 피해를 증명하는 방법

여기에서 10대 여성이 붙잡는 성 보호주의는 구체적으로 청소년성보호법의 존재다. 청소년성보호법은 청소년의 성을 사거나 이를 알선하는 행위, 청소년을 이용하여 음란물을 제작·배포하는 행위 및 청소년에 대한 성폭력 행위 등에서 청소년을 보호·구제하여 이들의 인권을 보장하고 건전한 사회 구성원으로 성장할 수 있도록 함을 목적으로 제정되었다. 또한 이 법은 청소년 성매매, 청소년에 대한 성폭력 행위를 대

폭 가중처벌한다. 청소년이 성매매를 한 경우에는 형사처벌을 받지 않고 보호처분을 받는다.[13] 청소년과 성매매를 한 경우 청소년은 처벌받지 않고 청소년과 성적 관계를 맺은 성인만이 가중처벌을 받을 수 있다는 인식의 확산은 10대 여성들이 폭력적 상황에서 자신의 피해를 증명하여 자기를 보호하려는 배경이 되어준다.

김주희[14]는 청소년이 무성적인 존재로 가정되었기 때문에 10대의 성적 실천과 성적 피해가 완벽히 구분되는 것으로 간주되어왔다고 지적한다. 사회는 사회가 요구하는 전형적인 피해자의 모습을 한 10대에 대해서는 합법적 지원을 허용한다. 즉, 10대 여성은 이 사회의 10대 성 보호주의가 요구하는 피해자의 모습에 들어맞을 때에야 우호적 시선과 지원을 받게 된다. 그래서 자신이 당하는 폭력이나 착취가 자신이 개별적으로 대처할 수 있는 수위를 넘어서게 될 때 사회가 이상적으로 생각하는 피해자의 모습을 취하며 자신을 이 사회의 합법적 테두리 안에서 보호받을 수 있도록 위치시킨다. 하지만 권김현영이 지적했듯이, 사회는 성 보호주의를 통해 10대가 아니라 10대의 임신과 출산이라는 원치 않는 부담으로부터 사회를 보호할 뿐이다.[15] 그 결과 성 보호주의는 이들이 겪고 있는 다양한 성적 경험을 성찰할 수 없게 만들면서, 위험한 성매매에서 자신을 보호할 필요가 있을 때에만 '피해자 모습을 한' 이들에게 손쉬운 피난처가 되어줌으로써 이들을 더 위험하게 만든다.

이들의 집 밖 생활은 집단적 또래 문화에서 개별화된 생존으로 점차 이동해가고 있다. 혼자 고시원이나 모텔의 '달방'을 잡아놓고 인터넷으로 성매매 상대를 구해 그날그날의 숙박비와 끼니를 해결하며, 일이 없을 때는 피시방에 가서 게임을 하고 혼자 패스트푸드를 먹는 생활은 이들을 정서적으로 지치게 만든다. 서연은 계속 혼자 생활하는 데 지쳐 만남용 앱을 통해 그냥 만나서 노래방 가는 등 같이 놀 남성을 한 명 구했다. 서연의 표현대로 '외로워서'였다. 이들은 애인 대행 알바를 통해 맺어진 관계가 아니라 서로 만나 놀면서 외로움을 달래는 관계다. 서연은 이 남성과 만나 금전적 거래 없이 피시방이나 노래방에 가서 함께 놀며 시간을 보냈다. 그러다 그 남성이 지방에서 와서 서울에서 혼자 직장 생활을 하는 사람이라는 것을 알게 된 뒤, 서연은 자기 사정을 이야기했고 그 남성은 자신의 집에서 함께 살자고 제안했다. 그 남성의 집으로 들어가고 난 뒤 이 관계는 성매매의 성격으로 변했다. 남성이 퇴근한 6시 이후부터 서연은 시도 때도 없이 그의 성적 요구에 시달렸다. 하루에도 네다섯 번씩 요구하는 성적 요구는 힘이 들었다. 그런데 아무런 자원 없이 거리로 내몰린 서연에게 이러한 힘듦은 그 집 안에도 그 집 밖에도 어디에나 널려 있는 힘듦이었다. 청소년 신분으로 보호자 동의 없는 아르바이트를 해봤자 자신의 몸 하나 누일 공간을 얻기도 어려운 게 현실이다.

서연은 불행하게도 그리고 예측 가능하게도 이 관계에서 임신과 낙태를 경험하게 되었다. 그리고 그 남성을 성매매로 신고하기로 마음먹었다. 여기에서 주목할 점은 서연이 남성을 신고해야겠다고 마음먹게 된 시점이다. 서연은 좋은 감정이 개입된 상태에서 시작한 동거가 숙식 제공을 대가로 한 성매매 관계로 흘러가고 있을 때 '어차피 밖에 나가도 마찬가지'라는 생각에 그냥 참기로 했다. 하지만 임신한 뒤 남성이 취한 태도를 본 순간 그를 성매매로 고소하기로 마음먹었다. 서연은 "누구 인생 망칠 일 있냐, 당장 낙태하라."고 다그치는 남성의 모습에 두려워졌다. 낙태를 종용하는 남성과 도와줄 사람이 하나도 없는 자신의 처지 사이에서 서연은 합법적인 사회의 지원 속으로 들어가기 위해 전형적인 피해자의 모습을 취하기로 했다. 원치 않으나 생존을 위해 참아야 한다고 생각했던 일이 더는 생존을 보장해주기는커녕 더 큰 폭력으로 자신을 떠밀게 되었을 때 그 '원하지 않았으나 생존을 위해 참았던 일'은 폭력으로 규정된다. 이것이 폭력으로 규정되어야 사회는 서연에게 비로소 안전한 낙태와 후속 조치를 지원해준다. 그 후 서연은 낙태를 하고 피해 청소년을 지원하는 쉼터로 인계되었다.

서연이 전형적인 피해자 모습을 하는 것이 성매매를 하는 자신을 보호할 수 있는 방법임을 알게 된 첫 사건은 조건 만남을 하는 사실을 엄마가 알게 된 일이었다. 서연은 엄마가 알게 된 것이 당황스러워 한 번씩 발작하는 모습을 연기했다. 그러자 엄마와 성폭력 사건 피해자들을 지원하던 기관 사람들은 서연을 비난하거나 다그치는 대신 같이 울며 매우 불쌍하게 여겨주었고, 엄마는 연신 미안하다면서 살뜰하게 보살펴주었다. 그 외에도 서연은 가출 생활 동안 접한 크고 작은 사건들을 통해 사회가 인정해주는 전형적인 피해자 모습을 취할 때 지원받을 수 있다는 사실을 알게 되었다.

서연의 경우처럼 가족이나 제도권의 지원을 받지 못한 채 성매매로 내몰리는 10대 여성들이 전형적인 피해자 모습을 취하며 자신을 보호하는 경우는 드물지 않다. 그들이 일하게 되는 곳은 주로 불법적인 영역이고, 거기에서 일어나는 일들은 법의 그물망 안에 잡히기가 어렵기 때문이다.

이러한 상황은 그들이 영악하다는 것을 의미하지 않는다. 이것은 그들이 그만큼 위태로운 지경에 내몰리고 있다는 사실을 반증하며, 이 사회는 위태로운 그들이 전형적인 피해자의 모습을 증명할 때에야 손을 내밀어준다는 점을 보여준다. 성 착취와 성 보호주의의 모순적 공존은 가출 여성들로 하여금 자신의 기본적인 생존—생명·안전·건강—을 위해 이 사회가 인정해주는 피해자 각본을 학습하게 만든다. 이 시기 피해자 각본의 특징은 연애/친밀함—성매매—성폭력이 연속선을 이루는 맥락 위에 존재한다.

상대방이 나에게 저지른 부당함을 처벌하기 위해 뒤늦게 피해자임을 드러내거나 이 사회가 인정해줄 만한 피해자로 자신을 만드는 10대 여성들에 대한 시선은 어떠해야 할까? 대담하고 영악한 여자아이들에 대한 비판적 시선이어야 할까? 이들은 자신의 성적 피해 경험을 이해관계에 따라 이용한 것일까? 그렇다면 이 이용은 10대 여성에게 이득을 가져다주는가? 이것을 통해 그들은 정말 보호되는 것일까?

자크 아탈리(Jacques Attali)[16]의 지적대로 생존이 개인화되고 있는 사회에서 미래에 대한 우리의 사고와 역할을 지배하게 된 것은 미로의 이미지다. 복잡성과 뚫고 나갈 수 없는 덤불과 동의어인 미로 속에서 개인이 할 수 있는 일은 단기적 목표를 세워 그저 한두 걸음만 앞으로 내딛고 그때마다 바로 그 현장에서 소비될 만한 결과를 얻어내는 것이 된다.

사회적 관계망과 돌봄을 박탈당한 채 남성 중심적 성 문화 안에 내몰린 10대 여성들은 자신의 생명을 좌지우지할 정도의 폭력과 착취의 상황을 만날 때 사회가 인정해주는 피해자의 모습을 취하며 합법적인 보호와 지원 속으로 들어가고자 한다. 광범한 성 상품화와 무기력한 보호주의는 10대 여성들을 몸으로써 생존하게 만들고 몸과 함께 소모되게 만든다. 10대 성 보호주의는 눈앞의 자원으로 삶을 유지해야 하며 그 과정에서 예측할 수 없는 위험에 늘 노출된 10대들에게 성을 구매하는 남성과의 관계에서 자신이 사용할 수 있는 중요한 관계의 지렛대로만 소비됨으로써 이들의 삶을 더 깊은 위험으로 빠뜨린다.

10대 성매매 여성뿐만 아니라 일반 여성에게도 전형적인 피해자 모습을 취하는 방법은 가부장제 사회에서 '자원'이 되어왔다. 여성이 이 사회의 자원에 직접 접근하는 것을 허용하지 않는 가부장제 사회는 여성이 피해자의 모습을 할 때에야 그나마 시혜적 태도를 취하며 자원에 접근을 허용했다. 그러나 개인화를 새로운 통치 기술로 하는 신자유주의 시대에 '피해의 위치'는 이전 시기와는 좀 다른 지형 위에 놓인다. 개인이 가진 자원에 기대서 각자의 경로를 만들어갈 것을 권유하는 신자유주의적 통치 기술 속에서 사회의 규범이 개인과 만나는 방식은 근본적으로 달라지고 있다.

개인화 시대라고 사회의 규범이 없어질 리 만무하다. 이제 사회 규범이 개인에게 수용되는 방식은 규범이 약속했던 보상과 처벌이 아니다. 그러나 이제 사회적 보상/처벌은 개인의 이익/손해와 일치하지 않는다. 개인들은 각자 놓인 구체적인 상황에서 어떤 것이 구체적인 이득으로 돌아올지를 판단·선택한다. 자신의 이해관계에 따라 서로 대립되거나 연관성 없는 위치로 재빠르게 환승하기도 한다. 자원이 없을수록 더욱 그러하다. 10대 가출 여성들이 경험하는 연애―성매매―성폭력의 연속선은 이러한 맥락 속에서 형성되고 있다. 이는 한 개인이 타인 혹은 상황과 맺는 관계가 더욱 복잡해지고 있음을 의미한다. 그리고 이 구도 속에서 가해와 피해의 의미 또한 더욱 복잡해지고 있다. '피해자'가 '피해'와 맺는 관계 방식은 단일하지 않다. 이러한 시대에 피해의 의미를 어떻게 접근해야 할까?

보호와 자기결정권의 이분법을 넘어서

현재 사회는 옳고 그름의 집단적 기준과 규칙이 사람들을 다그치거나 회유할 억제력을 잃고 있으며 사전에 할당된 준거집단들이 힘을 잃어가고 있다.[17] 미셸 푸코(Michel Foucault)는 원형 감옥에 대한 비유로 개인이 집단적 지배 질서를 통해 스스로를 규율하는 권력의 작동 방식을 설명했다. 그러나 집단의 기획 대신 개인의 계획, 집단의 지원 대신 개인의 자원에 기대서 살아가게 만드는 사회 속에서 집단적 범주화에 기대어 타인의 시선으로부터 사람들을 규율하게 하는 훈육 권력의 기능은 약화된다. 그런 의미에서 생존의 개인화가 강하게 진행되고 있는 현재의 사회적 조건을 포스트 패놉티콘(post-panopticon)의 시대로 이해할 수 있을 것이다. 이제 사람들을 움직이게 하는 힘은 각자의 상황 속에서 자신에게 이익이 될 수 있는가 없는가의 여부다. 가진 자원이 부족할수록 눈앞의 단기적 이익에 매달리게 된다. 생존이 개인화되고 있는 시대에 한 개인의 의미에 대한 확인은 타자와의 관계가 아닌 자신과의 관계를 통해 이루어지고 있음을 볼 수 있다. 이제 사람들은 타자의 승인보다 자신의 이해관계 속에서 자신을 정의(defining)하는 방향으로 나아가고 있는 듯하다.

더 나은 논쟁을 할 권리

10대 가출 여성들이 성에 대한 가부장적 규범과 맺는 관계가 눈에 띄게 변화하고 있는 점은 이러한 맥락과 무관하지 않다. 1990년대 말에 '원조 교제'를 한 10대 가출 여성들은 업소에서 일하는 성매매 여성들과 거리를 둠으로써 자신의 성매매 경험을 성적 낙인으로부터 거리를 두고자 했다. 그들은 가끔 아르바이트 삼아서 성매매를 하는 자신들과 전적으로 그 일을 하는 성매매 여성들과는 다르다고 선을 그었다. 이러한 점은 가부장제의 성적 낙인이 성매매 여성들을 어떻게 통제하고 있는지를 보여준다.

그러나 2000년대 중·후반의 10대 가출 여성들은 자신의 성매매 경험을 설명할 때 더는 업소 성매매 여성들과 비교하지 않았다. 본인의 성매매 경험을 의미 있게 만들기 위한 준거로서 이들이 선택한 비교 대상은 편의점이나 주유소에서 아르바이트를 하는 이들이었다. 이들은 성매매를 하거나 편의점이나 주유소에서 아르바이트를 하거나 똑같이 전망 없고 사회에서 인정받지 못하는 건 마찬가지인데 성매매는 돈이라도 많이 주지 않느냐며 반문했다.[18]

그러나 이러한 현상에 대한 해석이 '돈에 눈이 멀어' 성을 파는 한심한 10대로 귀결되어서는 안 된다. 자신을 설명하기 위해 선택한 비교 집단이 업소 성매매 여성에서 불안정한 아르바이트를 하는 범주로 급격하게 변화했다는 사실은 사회가 청소년을 노동의 주체로 인정해주지 않는다는 점, 그래서 부모의 동의를 구하기 어려운 10대들에게 허락된 일자리는 저임·착취의 일자리라는 점 그리고 궁극적으로 이 사회는 이들에게 노동시장에 관해서 미래의 전망을 보여주지 않는다는 점을 나타낸다. 미래에 대한 전망을 보여주지 않는 사회와 규범으로 자신을 규율해야 할 명분을 주지 않는 구조 속에서 생존을 위한 경제적 이익은 여타 사회의 지배적 규범을 압도하게 된다. 이런 구조적 결과로서 성매매로 내몰린 가출 10대 여성들에게 중요한 것은 사회적 낙인의 여부가 아니라 그 일을 통해서 갖게 되는 즉각적인 이익의 크기였다.

이들은 마치 여성에 대한 성적 이중 규범에 구획되지 않은 채 자신의 이익에 따라 이분화된 여성의 범주를 횡단하고 있는 듯 보인다. 그렇다면 실제로 10대 여성들은 성적 이중 규범에 균열을 내고 있는 것일까?

언뜻 보면 그런 듯하다. 성적 이분화는 여성들을 한곳에 묶어두려는 통제장치이기 때문이다. 그러나 이들의 유동성은 균열을 가져오지 못하고 오히려 이들을 남성 중심적 시선 안에 갇히게 만든다. 이들이 이동하고 있는 범주가 결국 기존의 규범이 여성들에게 허용한 이분법(성적 대상/보호 가능한 대상) 안에 갇혀 있기 때문이다. 그 시선 안에서 이들은 '몸적 존재'로 추방당한 채 그 이상으로 도약하기 어렵다. 성 상품화와 성 보호주의의 모순적 구조가 10대 여성에게 제공하는 삶의 선택지는 '몸의 자원'과 '몸의 피해'를 오가며 '몸과 함께 소진되어가는 삶'뿐이다.

그러나 이 글은 10대 성 보호주의가 지닌 문제점에 대한 해결책으로써 10대의 성적 자기결정권을 주장하는 글은 아니다. 물론 권김현영이 지적했듯이 성적 자기결정권은 섹스할 권리가 아니다. 권김현영은 성적 자기결정권을 구체적 관계성 안에서 자신의 몸을 사회적 몸으로 구성해나갈 권리라고 정의한다.[19] 필자는 권김현영의 '사회적 몸'에 대한 개념에 대해 전적으로 동의하지만, 성적 자기결정권은 이와 별개로 논의되어야 할 개념이라고 생각한다. 주디스 버틀러(Judith Butler)는 성적 자기결정권이 "우리는 우리의 쾌락과 고통과 관련하여 언제나 상호 의

존적으로 존재하며 이것이 인간 취약성의 근본"이라고 말한 바 있다.[20]

그런데 내가 나에 대한 결정권을 갖는다는 것과 우리가 상호 의존적으로 존재한다는 것은 양립 가능한 일일까? 이에 대해 버틀러는 박탈에 저항하기 위해 소유라는 도구를 사용하고자 하는 유혹에 대해 지속적으로 질문해야만 함을 주장한다. 우리가 손쉽게 자신에 대한 결정권·소유권으로 직진하면 인간이 공통적으로 배제와 부정당한 것을 바탕으로 형성된 존재라는 공통성(being in common)에 대한 질문을 하기가 어려워지기 때문이다. 이사야 벌린(Isaiah Berlin)은 자기결정권에 대해 이렇게 이야기한 바 있다. "내가 나의 주인이라는 생각에는 이미 나를 나자신에게서 분리하는 암시가 묻어 있다. 인간 내부에는 초월적·지배적 통제를 행하는 측면이 있고, 다른 한편에는 욕망과 열정의 덩어리가 있어서 후자가 전자에 의해 훈육되고 치유되어야 한다고 보는 입장이 적극적 자유의 개념에 암시적으로 담겨 있다."[21]

인간이 자신의 소유가 될 수 있다는 믿음은 근대의 가장 획기적 발명품이다. 근대 이후 인간이 만들어온 거의 모든 궤적은 내가 나의 소유가 되려는 권력의 각축장이었다. 자기 결정이라는 개념에는 자기 지배라는 의미가 내포되어 있다. 이 개념은 나와 분리된 나를 상정했고, 이것은 나와 분리된 타자를 상정하여 내가 지배하고 통제할 수 있는 범주를 구성한다. 남성 중심적 성 상품화는 신자유주의적 구조와 만나 10대 여성들에게 '네 몸은 너의 것, 네 몸을 네 마음껏 사용하라'는 메시지를 퍼붓는다. 물론 그에 대한 책임은 철저하게 여성 개인의 몫으로 내던져진다. 가부장제, 자본주의, 신자유주의의 구조적 지배는 '개인에 대한 당사자 개인의 지배'로 위장된다.

이들의 삶은 구조적 취약성 속에서 다른 삶보다 외부의 충격에 더 크게 상처받기 쉬운 '불안정한(precarious)'[22] 상태에 놓여 있다. 여기에서 취약성은 단지 쉽게 무너질 수 있다는 뜻이 아니다. 예측할 겨를도 없이 푹푹 꺼져버리는 땅을 피해 도망쳐 다니느라 지금 이 순간 이상의 시간을 상상하거나 경험할 수 없다는 점에서 이들은 취약하다.

이 사회는 10대 여성들이 자신의 삶을 타자의 욕망의 대상으로 '타자화'시키거나 '고립'시키게 만든다. 가족과 사회의 지원을 박탈당한 채 하루하루를 버티는 생존 방법으로 몸과 보호를 자원화할 수밖에 없는 이들을 위해 모색해야 하는 더 궁극적인 일은 타자화와 자기 고립을 넘어서 자신을 설명하고 이해하며 자신의 삶을 새롭게 대할 수 있도록 만들어줄 사회적·경제적·정치적 지원이어야 한다. 이것이 '피해'와 '자발'성, '보호'와 '처벌'이라는 이분법에 들어맞지 않는 이들의 삶에 개입할 수 있는 여러 방법 중 한 가지가 될 것이다.

○

5장   여자 아이돌/걸 그룹과 샤덴프로이데:
          아이유의 《챗셔》 논란 다시 읽기[1]

김신현경

○

사실 '소녀들의 시대'는
'소녀들의 수난 시대'이기도 하다.
소녀들은 도처에서 젊고 건강하고 유명세를 즐기는
화려한 모습으로 등장하지만,
그 모습은 해방의 결과가 아니라
규범에 의한 것이다.
다시 말해 그녀들에게
(그리고 우리에게도)
젊음, 건강함, 화려함은
자유가 아니라 의무다.

○

2017년 4월, 아이유가 가수로 돌아왔다. 2015년 10월 미니 앨범《챗셔 (CHAT-SHIRE)》를 둘러싼 논란 이후 1년 7개월여 만이었다. 어떤 사건 사고도 하루가 지나면 '과거사'가 되어버리는 한국 사회에서, 특히 논란의 빠른 유통이 업계 유지의 생명인 엔터테인먼트 업계에서 벌어진 2015년 10월의 일은 거의 역사 이전의 일처럼 느껴진다. 그러나 대부분의 논란이 그렇듯이 여기서 배워야 할 것들은 여전히 남아 있다. 특히 한국 여자 아이돌/걸 그룹의 롤리타 이미지 전략을 아동의 성 주체화 가능성으로 읽자는 제안과 그것은 페도필리아(pedophilia, 어린이 성애증)를 부추길 뿐이라는 주장 등에 대한 논박만이 이 논란을 읽는 유일한 여성주의적 방식으로 이해되는 상황에서는 더욱 그렇다.[2]

여성학자 김은실은 2005년 '지구화 시대 한국 사회 성문화와 성 연구 방법'이라는 대담에서 여성의 섹슈얼리티는 고유하게 존재하는 영역으로 보이지만 실은 다른 영역들과 매개되어 복잡한 방식으로 존재한다고 지적한 바 있다.[3] 미디어가 보여주는 소녀들과 그녀들의 섹슈얼리티를 둘러싼 논란을 제대로 돌파하려면 이 점을 명심해야 한다. 2018년인 지금 2015년에 벌어졌던 《챗셔》를 둘러싼 논란을 굳이 복기하려는 까닭도 이 때문이다.

소녀들의 시대, 여성 혐오의 시대

2015년과 2016년, 우리는 새롭게 강화된 '소녀들의 시대'를 맞이했다. 물론 대중문화의 정경을 가득 채운 젊고 아름다운 여성들의 등장이 어제오늘 일은 아니다. 지금은 복고 문화 콘텐츠에 종종 등장하는 S.E.S.와 핑클이 1997~1998년에 데뷔한 이래, 여자 아이돌/걸 그룹은 한국 미디어 정경의 가장 중요한 부분이 되었다. 2007년 소녀시대와 원더걸스의 등장은 이를 더욱 확장했다. 이는 한국에만 국한된 상황도 아니었다. 특히 1990년대 이후 글로벌 대중문화에서 만개한 '걸 파워' 현상의 핵심에는 "자유주의적 담론, 유행을 따르는 성문화(sexual chic), 신자유주의적 권력 체제라는 맥락에서 등장한 소녀 육체에 대한 열광"[4]이 있다. 여성학자 로절린드 질(Rosalind Gill)은 당시 등장한 걸 파워의 소녀들은 젊음과 매력적인 외모 그리고 파워풀한 분위기의 혼합체로, 이는 젠더 권력관계의 변화보다는 '무엇이 성적인 것인가'를 규제하는 신자유주의 시대 '새로운 통치성의 양식'과 관련이 있다고 설명한다.[5]

그런데도 새삼 지금 '소녀들의 시대'를 거론하는 이유는 2015년부터 문화 산업 안에서 소녀들을 둘러싼 사태에서 감지되는 어떤 공통의 흐름 때문이다. 몇 가지 사건, 예컨대 아이유 4집 앨범 《챗셔》를 둘러싼 논란, 에프엑스(f(x)) 전 멤버 설리의 연애와 성적 함의를 담은 셀피 이미지에 대한 왈가왈부, 트와이스 멤버 쯔위의 대만기 파동, AOA 멤버

설현과 지민의 안중근 관련 발언과 사과 그리고 아이돌 결성 서바이벌 리얼리티 쇼 〈프로듀스 101〉을 통한 아이오아이(I.O.I)의 결성과 활동에서 관찰할 수 있는 것은 인간으로서의 '실제 소녀들'과 탈인간화된 콘텐츠 이미지로서의 '여자 아이돌/걸 그룹' 간의 거리가 몹시 좁혀진 세계의 도래다. 다음은 걸 그룹 생산을 둘러싼 이와 같은 변화를 잘 포착한 어느 대중문화 웹진 기사다.

소녀시대는 '다시 만난 세계'의 뮤직비디오와 가사, 발차기 안무를 통해 꿈꾸는 건강한 소녀들의 이미지를 전달했지만, I.O.I는 그것을 데뷔곡 'Dream Girls'가 아니라 데뷔하기 위해 서로 경쟁하고 협력하기도 하는 〈프로듀스 101〉의 방송 과정에서 구축해버렸다. 'Dream Girls'의 뮤직비디오와 가사는 이들의 서사를 조금 더 강화할 뿐이다. 걸 그룹은 이제, 사람들이 원하는 소녀의 모습 그 자체를 캐릭터가 아닌 진정성 있는 방식으로 증명해야 하는 데까지 왔다.[6]

그러니 사실 '소녀들의 시대'는 '소녀들의 수난 시대'이기도 하다. 소녀들은 도처에서 젊고 건강하고 유명세를 즐기는 화려한 모습으로 등장하지만, 그 모습은 해방의 결과가 아니라 규범에 의한 것이다. 다시 말해 그녀들에게 (그리고 우리에게도) 젊음, 건강함, 화려함은 자유가 아니라 의무다. 이와 관련하여 '소녀들의 시대'가 '여성 혐오(misogyny) 시대'와 겹친다는 점은 흥미롭다. 2005년 '개똥녀', 2006년 '된장녀'라는 호명이 온라인을 넘어 오프라인에서 통용되기 시작할 무렵 소녀시대와 원더걸스가 잇따라 화려하게 데뷔했고, 2010년 '김치녀'라는 호명과

2011년 극우 혐오 사이트 〈일베〉가 수면 위로 떠오를 즈음 미쓰에이와 에이핑크를 비롯해 20여 개가 넘는 여자 아이돌 그룹이 등장했다. 앞서 거론한 몇 가지 사건에서도 우리는 여자 아이돌/걸 그룹들이 자신들의 이미지를 벗어날 때 혐오의 대상이 되는 순간을 포착할 수 있다.

이 글은 이러한 대중 감정의 문화정치적 의미를 포착하려고 한다. 이제까지의 여성주의 문화 연구와 팬덤 연구는 대중문화의 수용과 소비에 적극적인 의미를 부여해왔다. 그럴 때 주로 분석의 대상이 된 것은 스타나 연예인에 대한 선망의 감정, 동일시의 과정과 이유였다. 그러나 최근 관찰할 수 있는 인상적인 대중문화 현상은 이들에 대한 부정적인 대중 감정의 표현이다. 조직적인 '안티 팬덤'까지 갈 필요도 없이, 유명 연예인의 스캔들에 빠짐없이 달리는 기쁨과 환호의 온라인 댓글은 너무도 흔한 일상이 되었다. 그렇다면 이름이 알려진 사람들에 대한 이 부정적인 감정의 정체는 무엇일까? 그 대상이 여자 아이돌/걸 그룹일 때, 그들의 불행을 바라고 기뻐하는 마음은 아이돌이 생산되는 시스템과 어떤 관련이 있지는 않을까?

이 글은 아이유 4집 앨범《챗셔》를 둘러싼 논란을 통해 이 질문들을 탐구하고자 한다. 최근 몇 년 동안 음원 시장의 최강자로 군림해온 아이유의 경력이 절정에 이르렀을 때 발생한 이 논란은 연예인에 대한 선망과 질시의 이중 감정이 어떠한 양상으로 펼쳐질 수 있는지를 드라마틱하게 드러냈다.

《챗셔》를 둘러싼 말, 말, 말

우선 이 논란을 키우며 오간 말을 살펴보자. 《챗셔》는 2015년 10월 23일 발매 직후 아이유가 수록된 일곱 곡의 가사를 모두 쓰고 직접 프로듀싱했다는 사실로 먼저 화제가 되었다. 그러던 것이 11월 5일, 수록된 곡 중 하나인 〈제제(Zézé)〉의 모티브가 된 소설 《나의 라임오렌지 나무》를 출판한 동녘출판사에서 공식 페이스북 페이지를 통해 가사 및 앨범 재킷 이미지에 대한 유감을 표명하면서 본격적으로 논란에 휩싸였다. 동녘출판사의 유감 표명 이전에 아이유는 발매 당일 팬미팅에서 "제제의 캐릭터가 순수하면서 잔인함을 가진 모순적인 캐릭터로, 매력이 있고 섹시하다고 느꼈다."라고 말했는데, 동녘출판사에서는 이 표현까지 포함하여 '학대를 경험한 제제를 성적 대상으로 삼고, 망사 스타킹에 핀업 걸 자세의 이미지로 표현한 것은 대중의 공감하에 이루어지는 표현의 자유에 어긋난다.'라는 공식 입장을 발표했다. 뒤이어 이름을 알 만한 평론가들이 줄을 이어 동녘출판사를 질타한 가운데 아이유 또한 그다음 날 사과문을 발표했다.

그러나 〈다음 아고라〉에서 벌어진 음원 폐기 서명 운동은 논란의 몸집을 더 크게 불려놓았다. 최초 청원자인 '데칼코마니킴'의 '페도필리아 코드' 규정은 아이유 자신의 롤리타 이미지와 겹쳐지면서 같은 앨범의 또 다른 곡인 〈스물셋〉의 뮤직비디오를 둘러싼 해석 논란으로 이어졌다. 이 와중에 동녘출판사는 11월 10일 "해석의 다양성을 존중하지 못한 점을 사과드린다."라는 내용의 사과문을 발표했지만, 사과의 대상은 명확하지 않았다. 동녘출판사의 사과 대상은 아이유가 아니라 애초 해당 출판사가 내놓은 입장을 '표현의 자유'라는 입장으로 비판한 남성 평론가들을 향한 것으로 보인다. 또한 〈메갈리아〉 사이트에서도 사태 직후부터 한국 대중문화에서 나타나는 롤리타 이미지 선호와 페도필리아, 아동 성폭력에 관한 논의가 한동안 활발히 진행되었다.

이 논란을 둘러싼 말을 입장별로 분류하면 대략 다음과 같다. 우선 '표현의 자유'에 대한 옹호 차원에서 이 사건을 바라본 이들이 있었다. 한국 사회에 부족한 '다양성'에 대한 관용이 이번에도 여지없이 발휘되지 않음을 개탄하는 이 입장에서는 《챗셔》를 둘러싼 논란을 국정교과서 사태와 결부시켜 이해하는 시각이 종종 발견된다.[7]

둘째, 〈제제〉는 '페도필리아 코드'로 표현된 노래이며, 이는 문제가 있다는 입장이다. 이 용어는 최초의 발화자들도 일이 이 지경까지 커지리라고 예상했을까 싶을 정도로 이 논란을 사태화하는 데 가장 큰 공헌을 했다.[8]

셋째, '표현의 자유'에 대한 옹호와 더불어 이 노래를 아이유가 가진 롤리타 이미지와 겹쳐 읽으려는 시도가 있다. 이러한 시각은 그간 아이유의 행보와 그녀가 프로듀싱한 앨범 《챗셔》 그리고 직접 작사한 〈제제〉를 같은 맥락에 놓고 이 노래를 '소녀의 성적 성장'을 드러내는 서사로 해석한다.[9]

이제 이 입장들에 내재한 가정을 따져보자. '표현의 자유'를 옹호하는 입장의 경우, 이 사태와 같은 섹슈얼리티 표현물과 관련해서 우리에게 구체적으로 더 일러줄 수 있는 것이 많지 않아 보인다. 이 입장이 가정하는 자유주의적 개인의 형상은 강고한 성적 이중 규범과 소비주의적 성 해방의 교착 지점에 놓여 있는 각기 다른 나이, 성별, 성 정체성,

더 나은 논쟁을 할 권리

계급, 장애 여부를 지닌 구체적인 개인들을 담아내기에는 역부족이다.

그렇다면 '페도필리아 코드'를 문제점으로 지적하는 입장은 어떨까. 이 입장은 '표현의 자유'를 옹호하는 입장의 정반대에 있는 것으로 보인다. 그러나 이 입장 또한 섹슈얼리티를 권력관계로 보지 않는다. 성적 권력관계를 병리학의 언어로 치환하는 이 시각에서 개인들은 마음의 병을 앓는 병자들로 등장한다. 게다가 이후 살펴볼 청원문에서 드러나듯 〈롤리타〉는 문제가 되지 않지만 아이유의 〈제제〉는 문제가 된다고 보는 시각은 철저히 남성 중심적인 것이다. 그러므로 이 입장이 페미니즘과 동일한 것으로 이해되는 데에 대해서는 더욱 깊이 있는 논의가 필요하다.

세 번째 입장은 아이유가 인기를 얻는 데 기여한 롤리타 이미지에 내재한 한국의 이중적인 성 규범을 비판한다. 그리고 이를 비트는 그녀의 노래를 문화 산업 내 여가수의 성장 궤적에서 이해하자고 제안한다. 이 입장에 와서야 비로소 섹슈얼리티는 권력관계의 문제로 인식되며, 구체적인 개인들이 이 권력관계 내 위치성의 체화자인 동시에 수행을 통해 이를 다르게 재편할 가능성도 지닌 주체들로 등장한다. 그렇지만 간과하지 말아야 할 것은, 현재 한국 사회에서 여자 아이돌/걸 그룹을 둘러싼 권력관계가 이중적 성 규범으로 나타나는 성적 권력관계만의 문제는 아니라는 사실이다. 그녀들의 퍼포먼스와 이미지는 기획사 시스템 안에서 정교하게 생산된다. 따라서 이러한 시스템에서 이들이 대중과 어떤 방식으로 관계를 맺는지는 이 사태를 해석하는 데 새롭고도 중요한 부분이다.

이 글은 바로 이에 천착하여 《챗셔》 논란을 다시 읽고자 한다. '페도필리아'라는 어휘에 대중이 그토록 강하게 호응한 이유가 보수적이고 이중적인 성 관념 탓만은 아닐 수 있다는 것이다. 온라인 댓글에서 확인할 수 있는 이 사태에 대한 가장 흔한 반응은 "롤리타 이미지로 성공했으면서 그 이미지를 또 다르게 이용해 돈을 벌려고 한다."라는 의심과 개탄이다. 이때 '페도필리아'는 노래에 대한 진지한 해석적 문제 제기라기보다는 '롤리타로서의 성공'을 가장 극적인 방식으로 추락시킬 수 있는 수단으로 등장한다. 이를 이해하기 위해 타인의 불행과 추락을 바라고 기뻐하는 마음, '샤덴프로이데'에 대한 분석을 경유해보도록 하자.

그리고 샤덴프로이데의 시대

"사촌이 땅을 사면 배가 아프다."라는 옛말이 있다. 가까운 타인의 행운이나 성공에 축하하기보다 질투를 느끼거나 괴로워하는 심리는 예로부터 있어왔던 듯하다.[10] 이런 심리는 반대로 남의 불행이나 고통을 보면서 은밀하게 기쁨을 느끼는 상태와도 무관하지 않은데, 우리말로는 '쌤통 심리' 정도로 표현할 수 있을 것이다. 그런데 서구 문화권에도 이런 심리 상태를 가리키는 단어가 있다. 바로 독일어 단어인 '샤덴프로이데(Schadenfreude)'인데, 상반되는 뜻을 담은 두 개의 독일어 단어 'Schaden(손실, 고통)'과 'Freude(환희, 기쁨)'의 합성어다. 이 말이 서구에서 널리 통용되는 상황으로 짐작건대 사람들이 어울려 사는 세상 어디에서나 이런 종류의 부정적인 감정을 찾아볼 수 있는 것 같다.

더 나은 논쟁을 할 권리

영국의 문화연구자 스티브 크로스(Steve Cross)와 조 리틀러(Jo Littler)는 타인 중에서도 유명인의 추락에 기쁨을 느끼는 대중심리는 근대 자유주의의 딜레마와 관련이 있다고 보았다. 법 앞에서의 평등과 부·지위·사회적 조건에 따른 불평등의 공존은 "조건의 평등에 대한 열정적인 집착", "사유재산의 평등에 대한 경멸" 그리고 "돈에 대한 사랑"이라는, 조화를 이루기 어려운 정서를 근대 민주주의의 핵심 정념으로 자리 잡게 했다.[11] 근대의 개인되기는 바로 자신의 내부에서 이런 모순적인 욕망을 결합시켜 자리 잡게 하는 프로젝트가 된 것이다.

문제는 이러한 정서가 타인과의 비교를 통해 경험된다는 점이다. '평등'은 언제나 나 외의 타인이라는 존재를 상정해야 한다. 이 과정에서 '평등한 시민들'과 '불평등한 개인들'의 공존이라는 딜레마가 극대화된다. 존재들끼리의 비교는 결국 존재들이 갖고 있는 특징으로의 환원으로 이어지기 때문이다. 이런 상황에서 타인이라는 '존재'는 그/그녀가 '소유한 것들'로 등장하고, 이때 우리가 느끼는 감정은 그것들 사이를 끊임없이 왕래하는 분열적인 것이 될 수밖에 없다.

이런 대중 감정은 오늘날 신자유주의 체제에서 더욱 강화된다. 신자유주의 아래에서 강조되는 '능력주의(meritocracy)'는 '조건의 평등'과 '존재의 사유재산으로의 환원'이라는 근대 자유주의의 모순을 봉합하는 동시에 극대화한다. 능력에 따라 얼마든지 자신의 소유를 늘릴 수 있다는 '조건의 평등'에 대한 약속은, 능력을 갖추기 위해 필요한 자원이 이미 불균등하게 배분되어 있다는 사실을 문제 삼지 않는다. 모든 가능성에 열려 있는 듯 보이지만 어떤 것도 할 수 없는 세계의 도래 그리고 모든 것을 선택할 수 있지만 아무것도 바꿀 수 없는 개인들의 삶. 이를 두고 사회심리학자인 파울 페르하에허(Paul Verhaeghe)는 근대의 수혜자인 서구인이 "역사상 가장 잘살지만 가장 기분이 나쁜"[12] 상태에 놓여 있다고 표현했다. 부족함이 없는데 왜 기분이 나쁠까? 바로 이 딜레마가 부·지위·사회적 조건을 체화한 개인들 간의 관계에서 표출되기 때문이다. 우리 자신보다 더 나은 위치에 있는 사람들이 본질적으로 더 나은 자질을 갖고 있는 것은 아니지만(이재용이 나보다 능력이 있기 때문에 삼성 그룹의 부회장인 것은 아니다), 이 위치 차이는 본질적(그럼에도 나는 삼성 그룹의 부회장이 될 수는 없다)이라는 이중의 메시지는 그/그녀들에 대한 선망과 비하의 감정을 동시에 느끼게 하기에 충분하다.

인류학자 김현경은 '모욕'과 '굴욕'의 구분을 통해 이러한 이중적 감정이 어떻게 만들어지는지를 좀 더 섬세하게 분석한다. 간단히 말해 '모욕'에는 명확한 가해자가 있지만, '굴욕'에는 가해자가 인격화된 형태로 등장하지 않는다. 전자는 전근대적 신분제가, 후자는 근대적 계급제가 사람과 사람 아닌 것의 경계를 가르기 위해 발달시킨 문화적 폭력이다. 그리하여 우리는, 김현경의 말을 빌리자면, "의례적 평등에 대한 고양된 감각과 모욕을 처벌하는 다양한 법 조항들 덕택에 과거 어느 때보다도 예의 바른 시민이 되었지만", "다른 한편으로 여전히, 어쩌면 전보다 더 은밀하게 타인의 굴욕을 원하며, 우리 자신의 굴욕을 두려워한다."[13] 타인의 굴욕에 대해서는 언제든 기뻐할 준비가 되어 있는 마음, 샤덴프로이데는 이렇게 "상호작용 질서의 차원에서, 즉 상징적으로 모든 인간의 존엄성을 주장하면서, 구조의 차원에서 사람들에게서 자신의 존엄을 지킬 수단을 빼앗는" 모순적인 신자유주의 체제 아래에서 번성하게 된다.[14] 이는 인정하기에는 부끄러운 감정일 수 있지만,

타인의 굴욕이 자업자득인 것처럼 보일수록 공개적으로 드러난다. 그렇다면 김현경이 대중이 기뻐하는 굴욕의 예로 '이효리의 뱃살'을 든 바가 보여주듯 미디어 정경을 가득 채운 연예인이 어느 때보다 더 대중이 바라는 굴욕의 대상이 된 이유는 이제까지의 논의와 어떤 관련이 있을까?

미디어에 등장하는 인물을 대상으로 집요하게 하향 평준화를 추구하는 대중의 특성은 이들이 망신당하는 모습을 오락의 요소로 만든 프로그램을 일컫는 '휴밀리테인먼트(humilitainment)'라는 개념이 등장할 만큼 광범하게 확산되고 있다. 무엇보다 이제 연예인은 저 멀리 가닿을 수 없는 곳에 있는 '스타'라기보다 일상 희로애락을 대중과 공유하는 '가까운 타인'으로 자리 잡았다.

미디어 인류학자 가브리엘라 루카치(Gabriella Lukács)의 '이미지 상품(image commodity)' 개념은 이렇게 된 저간의 상황을 파악하기에 유용하다. 그녀는 '타렌투(tarento, 'talent'의 일본어식 영어)'라 불리는 일본의 연기자 생산 시스템을 분석하면서 이 개념을 제안했는데, 이는 연기자가 연기 능력을 중심으로 한 '배우'이기보다 광고, 리얼리티 쇼, 가수 활동을 오가며 특정한 이미지를 구축하고 그를 기반으로 특정 역할을 연기하는 '연예인'으로 존재하게 된 상황을 드러낸다.[15] 이 개념은 아이돌에도 적용할 수 있다.

그렇지만 아이돌이 이미지 상품 그 자체라는 언명이 정확히 무엇을 의미하는지에 대해서는 더 많은 분석과 토론이 필요하다. 카를 마르크스(Karl Marx)가 노동자는 노동력 상품의 판매자라고 했을 때 노동력은 노동자의 노동 능력에 한정된 것이었다. 그/그녀는 계약에 의해 정해진 시간에 자신의 노동 능력을 양도하여 상품을 생산하고 그 대가로

임금을 받는다. 그러나 상품 자체가 된 아이돌에게는 노래하고 춤추는 가수로서의 노동 능력뿐만 아니라 노동력 상품으로서 그들의 일상과 인간관계, 나아가 인격성까지 팔 수 있는 하나의 이미지로 통합할 것을 기대한다. 이들에게는 정해진 노동 시간도, 인격과 분리된 노동 능력만을 양도할 권리도 존재하지 않는다. 이들의 제작 원리는 상품 세계를 지배하는 법칙인 '차별성'('고유성'이 아니라)에 들어맞는다. 특정 아이돌의 특징을 고유한 어떤 것이라기보다는 다른 아이돌에 대한 차별적인 참조로 분석하는 것이 더 타당하게 느껴지는 이유는 바로 이 때문이다.

이러한 원리에 따르면 누구나 아이돌이 될 수 있다. 가수가 될 만한 재능이 없어도 다른 아이돌과 차별되는 이미지를 갖춤으로써 상품 가치를 얻어낼 수 있는 것이 바로 아이돌이기 때문이다. 그러므로 아이돌의 성공은 '시장성에 따른 교환가치의 실현'이다. 다시 말해 누구나 아이돌이 될 수 있다. 그렇지만 누구나 성공한 아이돌이 될 수는 없다. 동시에 이런 이유로 아이돌은 언제나 재능과 실력을 의심받는데, 그들의 성공이 본질적인 자질에서 기인한다고 여겨지지 않기 때문이다.

그런데 신자유주의에서 상품으로서의 교환가치를 올려야 한다는 명령은 아이돌 혹은 연예인에게만 국한되지 않는다. 흔히 쓰이는 '몸값'이라는 표현처럼, 정도와 양상은 다를지언정 교환가치를 올려야 한다는 동일한 압력 아래 살고 있는 대중에게 연예인, 특히 아이돌은 '우연히 우리 위에 있게 된 사람들'로 여겨진다. 크로스와 리틀러는 이것이 바로 유명인에 대한 샤덴프로이데가 기능하는 정치사회적 구성체라고 본다. "어떤 사람들이 상승하면 그들은 떨어져야 한다."[16] 즉, 나보다 본질적으로 더 능력이 뛰어나서가 아니라 우연에 의해 교환가치가 '상승한' 유명인은 언제가 '떨어져야 하는' 존재인 것이다.

하지만 유명인의 불운을 기뻐하는 심리에 관한 이상의 논의에 한 가지 더 추가해야 할 것이 있다. 바로 해당 유명인의 성별(gender)이 이러한 심리의 정도와 내용을 다르게 구성하는 중요한 기준이라는 것이다. 연예인을 예로 들면, 한국에서 남성 연예인에 대한 안티 팬덤과 '악플'은 국적과 그와 관련된 군복무 면제, 학력과 학벌을 중심으로 전개되는 반면,[17] 여성 연예인에 대한 그것은 스폰서 여부나 섹슈얼리티를 둘러싼 추문에 집중된다. 왜 그럴까?

여기서 우리는 다시 근대 자유주의로 되돌아갈 필요가 있다. 공적 시민들 간의 평등과 사적 재산의 소유 여부에 따라 달라지는 사회적 위치 사이의 모순은 젠더의 모순을 구성하는 기본 원리이기도 했다. 여성은 공적 영역의 시민이 될 수 없었고, 남성 시민의 아내, 즉 일종의 사적 재산으로 위치되었기 때문이다.[18]

이처럼 소유물로서 존재했던 여성이 스스로 뭔가를 소유하고, 그와 관련된 힘을 갖게 되는 상황은 아직도 그리 자연스럽게 여겨지지 않는다. 언뜻 생각하면 신자유주의는 이러한 젠더 질서를 해체하는 것으로 보인다. 성별에 상관없이 능력에 따라 보상이 주어지는 것으로 보이기 때문이다. 그러나 많은 페미니스트가 이미 지적한 바와 같이 신자유주의에서 성별은 해체되는 것이 아니라 계급, 세대, 학력 및 학벌, 지역, 가족, 섹슈얼리티, 장애 여부 등 다른 차별 원리들과 한층 유연하게 교차하면서 확장되어 재구성된다. 남성들 간의 양극화가 심화되는 오늘날 여성들의 유명세와 소유가 종종 여성 혐오 발화의 대상이 되는 현상이 그 좋은 예다. 2000년대 중반 이후 한국 사회에서 일반화된 '명품녀'나 '된장녀'라는 명명은 여성이 공적 노동의 대가로 버는 돈과 소비에 대한 적의를 드러낸다.

이처럼 근대 공/사 영역의 젠더적 구분에 따라 유명세, 돈, 권력의 구성 또한 그 자체로 젠더화되어 있기 때문에 이 구분이 새롭게 다시 강화되는 오늘날 여성의 유명세와 돈 그리고 권력은 시대 변화에 따른 자연스러운 현상으로 받아들여지기보다 선망과 질시가 결합된 복합적인 감정을 자아내는 것으로 보인다. 여자 아이돌/걸 그룹에게 발생한 최근 일련의 사태를 이해할 수 있는 하나의 단서가 바로 여기에 있다.

아이유는 어떻게 '국민 여동생 아이돌 아티스트'가 되었나

말하자면 여자 아이돌/걸 그룹은 유명세와 돈의 소유와는 거리가 먼 이미지를 효과적으로 상품화함으로써 그것들을 소유하게 되고, 이를 통해 문화 산업 내에서 일정 정도의 권력을 갖게 된 모순적인 존재들이다. 1980년대 마돈나의 등장 이래 파워풀한 성적 대상의 이미지로 성적 주체와 대상의 이분법을 문제화한 여가수들의 계보가 없는 것은 아니지만, 2000년대 중반 이후 등장한 한국 여자 아이돌/걸 그룹은 과잉 성애화된 이미지를 채택할 때 순결한 소녀의 이미지를 함께 중첩시킴으로써[19] 안전한 성적 대상의 위치를 벗어나지 않는다.

또한 한국에서 팬덤뿐 아니라 대중적 인지도를 함께 확보할 수 있는 여자 아이돌/걸 그룹의 대표적인 전략은 언뜻 보아 비성애적으로 보이는 '국민 여동생'의 형상이다. 2000년대 초 최초로 '국민 여동생'이라는 타이틀로 불린 배우 문근영까지 거슬러 올라가는 이 계보는 2000년대 중반 소녀시대와 원더걸스를 거쳐 2010년대 아이유와 미쓰에이(miss A)의 수지 등으로 이어진다.

그렇지만 '국민 여동생'이 '롤리타 콤플렉스'의 로컬적 변형인 것만은 아니다. 대중문화에서 '국민 여동생'이 등장하기 전부터 한국 사회에서는 상상적 가족 관계에 기반을 둔 성적 결합의 금기와 이로 인해 더욱 남성 욕망을 자극하는 대상으로서의 '누이'가 존재해왔다. '누이'를 성적 (금기) 대상으로 놓는 남성 주체의 이름은 '오빠'다. 그렇다면 애당초 어떻게 오빠와 누이 관계가 성적 함의를 띠게 된 것일까? 이는 식민지 시기에 성립한 오빠와 누이의 문화적 표상으로 거슬러 올라간다. 국문학자 이경훈은 식민지 시기에 등장한 새로운 세대로서의 '청년 남성'이 '오빠'의 형식을 띠고 있다고 분석한다. 이는 새로운 세대로서의 '청년 여성'이 '누이', 그중에서도 '여동생'의 형식을 띠게 되었음을 의미한다. 이러한 '오빠'와 '여동생'은 다른 가계에 속하므로 한 가계 내에서 수직적인 관계를 맺는 형제 관계보다 수평적인 연대를 꾀할 수 있다. 이와 동시에 오빠—여동생 관계는 남성 동지들 간 관계를 공고히 한다. 그들은 오빠인 자신들의 친구들이자 여동생의 애인들이기 때문이다.[20] 이런 형제들의 세계는 아버지의 질서와 다른 새로운 세계를 열고자 하는 서사의 중요한 원리가 된다. 김은실은 그러나 여동생으로서의 여성들은 형제가 될 수 없기 때문에 이 새로운 세계의 평등한 일원이 될 수 없다고 지적한다. 식민지 시기 신여성을 분석하면서 김은실은 누이로서의 그녀들의 몸이 오빠들 간의 남성 동성 사회를 구축하는 매개물로서의 성적인 것(the sexual)으로 환원된다고 분석한다.[21] 쉽게 말해 특정 남성은 다른 남성의 누이를 성적 대상으로 취함으로써 그의 형제이자 동지가 될 수 있다. 이때 누이의 몸은 형제들 간의 경쟁과 그로 인한 금기와 욕망이 함께 작동하는 대리 장소가 된다.

이처럼 성적 (금기) 대상으로서의 '누이−여동생'의 상이 1990년대 말 이후 대중문화에서의 '국민 여동생'으로 다시 등장한 이유는 이 시기 10대 여성들을 중심으로 한 기존 아이돌 팬덤 문화에 새롭게 진입한 30대 이상 남성 팬들과 관련이 있다. 이들은 흔히 '삼촌 팬'이라 불리는데, 이들 남성 팬들이 '미성숙한 관음증적 변태'라는 사회적 시선에서 자신들을 방어할 문화적 기표를 필요로 했기 때문이다. 이에 그들이 채택한 기표가 성적 함의를 지닌 '오빠' 혹은 '아저씨'를 대신하는 '삼촌'이었다는 것이다.[22] 그렇지만 이들에게 '삼촌'이라는 기표는 관습적 수용의 대상일 뿐이며, 내부에서 계속 출몰하는 '오빠', '오라버니'와 같은 기표들은 여자 아이돌/걸 그룹에 대한 성적 욕망이 완전히 해소될 수 없음을 보여준다.[23] 의미심장하게도 아이유는 이러한 논의가 폭발 지경에 이른 2010년, 명백히 이들을 겨냥한 가사인 "나는요, 오빠가 좋은걸, 어떡해."로 단숨에 음원 차트 정상을 차지했다. 이 노래는 '오빠이고 싶지만 오빠여서는 안 되는 그들'을 '오빠'로 명명해주는 효과를 발휘했다. 이후 그녀에게 따라붙은 '국민 여동생'이라는 수식어는 이에 대한 오빠 대중의 화답인 동시에 이미지화된 아이유의 육체/성에 대한 공동소유를 천명하는 명명이라고 할 수 있다.

그렇지만 여기서 짚어야 할 성공 요소가 하나 더 있다. '아티스트', 그녀에게 따라붙는 또 하나의 수식어다. 이는 기획사의 기획 상품으로 여겨지는 아이돌이 다수인 한국 가요계에서 아이유가 갖는 특별함이다. 작사, 작곡, 기타 연주가 가능한 싱어송라이터로서의 아이유는 당대 내로라하는 작곡가와 프로듀서 들의 실험장이 되었다. 그리하여 아이유의 팬이 된다는 것은 다른 여느 걸 그룹을 좋아하는 팬과 차별적인 의미를 획득한다. 아이유의 팬은 '아티스트'의 팬으로서 음악을 사랑하는 자인 것이다. 이런 의미에서 아이유는 동안의 귀여운 '여동생 아이돌'을 넘어서 음악에도 재능이 있는 기특한 '여동생 아티스트'가 된다. 그러나 사태를 제대로 파악하기 위해서는 '여동생 아이돌 아티스트'라는 아이유의 위치가 그녀의 실제 재능과는 별개로 한국 대중문화 산업을 지배하는 기획사 시스템의 산물이기도 하다는 것을 이해할 필요가 있다.

한국 대중문화 산업은 1980년대 말 이후 미디어 프로그램 생산 과정의 유연화, 광고 및 영화 시장의 개방과 확대에 따라 커다란 구조 변동을 겪게 된다. 연예인과 제작 단위를 중개하는 매니저업의 산업화는 통신 산업이 온라인 중심으로 바뀌고 음악 산업이 음원 중심으로 개편되는 현상과 어우러져 1990년대 후반에 이르러 기획사 시스템으로 자리 잡았다. 이를 가능하게 한 것이 바로 아이돌인데, 이들은 가수일 뿐 아니라 다양한 경로로 이윤을 창출하는 '이미지 상품'으로, 이를 통해 여러 장르의 미디어 콘텐츠를 오가며 콘텐츠를 더욱 싼값에 생산할 수 있도록 하는 '생산요소'이기도 하다.

아이유 또한 예외가 아니다. 그녀의 음악적 재능은 그 자체로 존재하기보다 '국민 여동생 아이돌 아티스트'라는 차별화된 이미지 상품을 구성하는 하나의 요소로 자리한다. 〈좋은 날〉로 놀라운 성공을 거두기 2

년 전, 음악성을 내세워 데뷔했던 당시의 처절한 실패가 이를 방증한다. 2010년 아이유의 성공에는 여자 아이돌/걸 그룹의 이미지('오빠'를 부르짖으며 발랄한 안무를 선보이는)를 차용하면서도 그와 차별화되는 가수로서의 실력(그 유명한 3단 고음!)의 결합이 있었던 것이다. 말하자면 아이유는 들을 만하다고 판단되는 음악은 파생 상품까지도 기꺼이 구매하는 문화적 습관과 경제력을 갖춘 30대 이상 남성 팬들에게 싼값으로 자신의 욕망을 충족시킬 수 있는 존재로 자리매김함으로써 성공을 거두었다고 볼 수 있다.

이상의 배경을 살펴볼 때 아이유의 성공은 '국민 여동생'이라는 여성 섹슈얼리티 상품과 아이돌 산업 안에서 차별화된 '아이돌 아티스트'라는 상품이 결합한 결과로 보인다. '아티스트', 즉 가수로서의 실력이 포함된 성공이긴 하나 이마저도 일종의 상품 코드로 기능하기 때문에 우연에 의한, 운 좋은 성공으로 여겨지기에 좋은 조건을 갖춘 것이다. 그리고 이는 샤덴프로이데 발현의 가장 좋은 토양이 된다.

성 정치의 샤덴프로이데화: 성적 가해자가 된 '로린이'?

바로 이 점에서 《챗셔》를 둘러싼 논란에서 가장 흔한 대중 반응이 '롤리타 이미지로 성공했으면서 그걸 또 다르게 이용하려는 영악함'에 대한 거부감이라는 데 주목할 필요가 있다. 몇 개의 댓글을 살펴보자. "돈만 벌기 위해 아이들 영혼을 파는 아이유 음반 폐기되어야 함"(《다음 아고라》 음원 폐기 청원문 댓글), "돈에 눈먼 년이지 ㅋ"(다음 사이트의 아이유 관련 기사

댓글), "아재 팬들이 빨아주는 거 이용하니까 그런 거 맞지 않아? 처음에 섹시 컨셉 가려다가 패망하고 애 컨셉으로 간 게 로또 걸리니까 그렇게 된 거 같던데. 지금 생각해봐도 초등학생처럼 꾸미고 다닌 거 역겨움"(《메갈리아》 아이유 관련 의견 글에 대한 댓글). 이런 댓글들은 차고 넘친다. 여기에서 돈을 많이 벌었다고 추정되는 여자 아이돌/걸 그룹의 추락을 바라는 마음을 읽기란 어렵지 않다. 이런 정서가 집대성되어 있는 《다음 아고라》 청원문을 읽어보자.

아이유 님이 의도를 하지 않았지만 결과적으로 이 삽화로 인해 노래 속 제제 또한 소설과 같은 5세 아동이 되었고, 어린 제제의 망사 스타킹과 핀업 걸 포즈는 명백한 소아성애(페도필리아) 코드입니다. …… 제제를 향해 아이유 님이 교활, 더러운, 악마라고 하는 말은 제제의 아버지가 제제를 학대할 때 하던 말이고, 실제로 페도필리아들이 범죄를 저지르고 잡혔을 때 아이를 향해 하는 말들이 영악하다, 더럽다, 나를 유혹했다 이런 말들입니다. …… 영향력 있는 대중 가수가 의도치 않게 해서는 안 될 일을 해버렸는데 이렇게 반쪽짜리 해명을 하고 음원을 계속 파는 건 결국 아이유란 이름으로 페도필리아 코드를 상업적으로 계속 이용하는 겁니다. …… 아이유 일부 팬들에게선 롤리타와 페도필리아를 구분 못 하고 너도나도 롤리타 하는데 아이유도 하는 게 뭐가 어때, 심지어는 영화 〈롤리타〉와 〈레옹〉을 들먹이며 남들은 예술이라고 하는 페도필리아 코드는 우리 아이유가 하니까 욕하는 거 아니냐, 뭐 하면 어떠냐 하는 아찔한 반응까지 나옵니다. 〈롤리타〉와 〈레옹〉은 아동에 대한 성적 욕망을 분출하는 작품이 아닙니다.[24]

여기에서 〈롤리타〉와 〈제제〉는 '아동에 대한 성적 욕망의 분출 여부'라는 기준에 의해 분리된다. 이때 '아동'은 '남아'만 가리키며 '여아'는 배제된다. 결국 '여아인 롤리타와 같은 성적 대상이 되는 이미지로 유명세를 누리는 대중 가수는 괜찮지만, 남아를 성적 대상으로 재현하는 것은 참을 수 없다'는 의미다. 더 큰 문제는 이를 통해 '음원을 계속 파는' 등 돈을 버는 것이다. 댓글들에서 '돈에 눈이 멀었다'와 같은 노골적인 표현이 반복되는 것은 '국민 여동생 아이돌 아티스트'로서의 아이유의 성공이 어떠한 속박에서 가능한 것인지를 드러낸다. 나는 이를 '성정치의 샤덴프로이데화'로 부르고자 하는데, 이러한 반응이 아동 성폭력이나 학대를 가능하게 한 사회구조의 문제에 대한 천착으로 이어지기보다 개인의 유명세에 흠집을 내는 방식으로 작동하면서 결과적으로는 아동 성폭력 그리고 유명인 경제가 지속되는 데 기여하기 때문이다.

그러나 더 큰 문제는 '아동 성폭력'에 대한 진지한 문제의식이 '성 정치의 샤덴프로이데화'와 종종 결합한다는 데 있다. 아래 인용문을 읽어보자.

한국이 여성에게서 구하는 성적 흥분은 늘 여성의 미성숙함에 한 발을 걸쳐두는 듯하다. 어린아이들에게서 섹스어필을 탐닉하고 요구하면서 성인 여성에게는 아이 같은 순종을 요구한다. 여자 아이에서 성인 여성으로 살아온 나는, 나에게 가해지는 후자의 폭력에는 이제 성인으로서 저항할 수 있다. 그러나 전자의 폭력에 대해, 나는 여성으로서의 아픔과 성인으로서의 죄책을 항상 함께 느낀다.

여성인 이상 높은 확률로 전자의 폭력을 겪으며 자랐을 테고, 후자의 폭력에도 적극적으로 저항하기보다 타협하여 살아가는, 나와 동갑내기인 한 여성 가수가 대단한 악인이라 생각하지 않는다. 피해자의 자기 파괴적인 생존 전략 역시 그것이 구조에 부역한다는 이유만으로 질타받아서는 안 된다. 그러나 그녀가 후자의 폭력에 타협하는 방식으로써 전자의 '가해'에 편승하는 것에 나는 지극히 분노한다. 성인인 그녀가 자신보다 약한 아이들의 성을 판매하는 것이 피해자로서 어쩔 수 없는 선택이었다고 나는 생각지 않는다. ……

소아성애적 표현을 접한 성인들이 소아성애자가 될까 봐, 성범죄를 저지를까 봐 하지 말라는 게 아니다. 그런 표현이 만연한 사회는 이미 피해를 입은, 혹은 입을지 모르는 소아들의 혼란과 부담, 자책을 가중시키기 때문에 하지 말라는 거다. 미숙한 소아에 비해 이미 권력 우위에 있는 소아 성범죄자들과 그 옹호자들의 입지에만 편향적으로 힘을 실어주기 때문에 하지 말라는 거다.[25]

이 글은 아이유의 '국민 여동생' 이미지를 단순히 '성공'을 위해 자발적으로 채택한 것이 아닌, '자기 파괴적인 생존 전략'으로 본다. 그럼에도 이 글은 아이유가 '여성'일 뿐 아니라 '성인'이며, 이때 그녀가 '아동'인 제제를 성애적인 대상으로 재현한 것은 결국 기존 '성인 남성의 가해'에 편승하는 행위가 되기 때문에 문제라고 보고 있다.

이러한 반응과 해석에서 2000년대 중반 이후 언론을 통해 알려진 잔인한 '아동 성폭력' 사건들에 대한 분노와 피로감을 읽어내기란 어렵지 않다. 또한 이 시기에 이르러 '성적 대상으로서의 여아' 이미지가 소수 집단의 하위문화에 머물지 않고 온라인을 통해 널리 확산된 점도 함께 고려해야 한다. 〈일베〉와 〈소라넷〉은 그 대표적인 사이트로, 이곳에서 구성된 '로린이(롤리타+어린이의 합성어)' 관련 이미지와 이야기는 적어도 온라인에서는 '된장녀'와 '김치녀'에 못지않게 대중화된 실정이다. '된장녀'와 '김치녀'는 자신의 여성성을 자원화하는 사치스러운 여성을, '개념녀'는 이들과는 대조적인 '올바른 여성'을 뜻하는 인터넷 조어다. '로린이'는 계산적이고 이기적인 성인 여성인 '된장녀'와 '김치녀'와 대비된다는 의미에서 '개념녀' 계열에 속하는데[26] 이 때문에 성적 욕망을 불러일으키는 대상이 된다. 10여 년 이상 각종 '아동 성폭력'과 '로린이' 이미지의 폭력에 시달려온 디지털 네이티브 여성들이 여자 아이돌/걸 그룹의 롤리타 이미지에 대해 복잡한 심정과 문제의식을 갖지 않을 수 없는 것이다.

여자 아이돌/걸 그룹 육체의 궤적과 대중 욕망

그럼에도 나는 재현의 차원에서 자신을 나무로, 소설 속의 남아를 성적 대상으로 표현한 노래가 곧바로 페도필리아 내지는 아동 성폭력(물론 이 두 개념은 아주 다른 것이다)으로 이해되는 것이 적절한지 질문을 던지지 않을 수 없다. 위의 인용문에서 사용하고 있는 '어린이성애적 표현'이라는 개념은 지나치게 광범위하다. 여기에서 서구의 많은 나라에서 제작과 유통, 심지어 소지도 엄격하게 금지하는 '아동 포르노'는 실제 아동이 등장하는 재현물을 의미한다는 점을 상기할 필요가 있다. 그것이 금지되는 이유는 제작 과정에서 아동들이 성폭력과 성 학대에 노출되고 아동 포르노 수요가 지속되기 때문이다.

　또한 남성 중심 사회에서 성인 여성의 성적 욕망이 성인 남성의 그것을 뒤바꾼 것에 지나지 않는 방식으로 구성되었는지에 대해서도 생각해보아야 한다. 아이유는 《챗셔》의 타이틀곡 〈스물셋〉에서 소녀/여동생도 나이가 들어간다는 것을 공표하고, "난 그래 확실히 지금이 좋아요. 아냐, 아냐, 사실은 때려 치고 싶어요. 아, 알겠어요. 나는 사랑이하고 싶어. 아니, 돈이나 많이 벌래. 맞혀 봐."라며 자신의 위치에서 느낄 법한 이중적인 고민을 토로한다. "꽃을 피운 듯 발그레해진 저 두 뺨을 봐. 넌 아주 순진해. 그러나 분명 교활하지. 어린아이처럼 투명한 듯해도 어딘가는 더러워. 그 안에 무엇이 살고 있는지 알 길이 없어."라는 〈제제〉의 가사 또한 이제 성인이 된 자신을 포박하고 있는 소녀 이미지의 이중성에 대한 주석으로 읽을 수 있다. 그러니 이는 '아이돌 아티스트' 형태의 브랜드로 자신을 드러낸 뒤 팬들의 소비-노동을 통해 '국민 여동생'의 자리에 오른 아이유가 팬들과 일종의 간/참조 텍스트 게임(inter/hypertextual game)을 벌이고 있는 앨범인 것이다.

　나아가 나는 〈제제〉의 가사를 더 적극적으로 해석할 수도 있다고 본다. 소설에서 다섯 살 소년 제제는 아버지의 폭력에 일상적으로 노출되어 있다. 제제의 아버지는 그를 늘 혁대로 사정없이 때리는데, 이런 폭력은 상대에게 성적 대상이라는 의미를 부여함으로써 폭력에 공모시키고 피해를 발화하지 못하게 하는 효과를 발휘한다. 제제는 이런 아버지에게 여성을 성적으로 대상화한 노래를 불러 상황을 끝내고자 애쓰는데, 이는 물론 불에 기름을 끼얹는 꼴이다. "아버지, 네가 하는 짓은 바로 이런 짓이야."라고 알려주는 노래이니 말이다. 〈제제〉는 바로 이런 제제의 이중적인 면, 즉 학대당한 자가 바로 그것을 가해자에게 무기로 들이대는 '순수하고도 교활한' 면을 포착하고 있다.

이는 꽤 오래전 레이 초우(Rey Chow, 周蕾)가 장이머우(張藝謀) 감독의 영화에 등장하는 여성 육체의 노출 재현에 대해 관음증적이라기보다는 노출증적이라고 분석한 바를 상기시킨다. 엿보는 서구의 시선에 대해 노출로 대응하는 셀프-오리엔탈리즘의 이미지는 보는 자의 권력적 응시를 되받아 응시하는 전략이다.[27] 김수진 또한 '나꼼수-비키니 시위'의 여성들을 분석하면서 그들의 전략을 육체를 가린 정체성이란 가능하지 않은 현대 한국 사회의 맥락에서 이해해야 한다고 주장한다. 이런 사회에서 여성은 성적 대상으로서의 육체를 받아들이거나 육체성 자체를 거부하는 두 가지 길밖에 없다는 것이다. '나꼼수-비키니 시위'의 그녀들은 육체를 역설적으로 수긍하는 패러디 전략의 수행자들인데, 이는 물론 언제나 "상징적 질서의 구획 방식에 다시 포섭될" 가능성에 처해 있다.[28]

하물며 기획사에서 잘 조율된 이미지로 대중문화 산업의 정상에 선 '스물셋' 여자 아이돌의 '셀프-이미지 패러디' 전략이 전복적이기만 할 것이라고 기대하기는 어렵다. 이번 사태로 한껏 '하락한' 그녀의 주가는 다른 계기를 통해 '상승할' 가능성이 높다. 샤덴프로이데에 기반을 둔 작금의 타블로이드 문화는 마치 사용가치와 교환가치의 모순을 극단적으로 상징하는 주식시장의 그것처럼, 스타의 상승과 하락을 주기적으로 반복함으로써 그 장을 넓혀나간다.

이런 점들을 놓치고 있는 '어린이성애적 표현물' 해석은 디지털 상에서의 논의가 흔히 그러하듯 샤덴프로이데로서의 페도필리아 해석과 서

더 나은 논쟁을 할 권리

로 영향을 주고받으며 빠르게 증폭되면서 이러한 감정을 정당화하는 논리의 한 축이 되었다. 이렇게 해서 여자 아이돌/걸 그룹이 자리 잡고 있는 문화 산업 그리고 '순결하면서도 성애화된' 소녀를 욕망하는 한국 대중문화의 남성 중심성에 대한 문제의식은 사라진 채 '롤리타로 성공한 후 남아까지 성적 대상으로 삼아 더 큰 성공을 노리는' '로리유(롤리타 +아이유의 합성어)'가 탄생하게 된 것이다.

이처럼 아이유의 《챗셔》 논란은 한국 여자 아이돌/걸 그룹의 모순적인 위치를 드러낸다. 그래서 아이유는 한편으로는 한국 사회가 규정하는 '순결하면서도 과잉 성애화된' 소녀의 성적 이미지를 가지고 노는 '주체적인 여성 예술가'로 평가받지만, 또 한편으로는 페도필리아를 부추겨 성공할 수 있었던 '약아빠진 어린 여자'로 간주된다.

나아가 이 논란은 현재 한국 여성에게 가해지는 모순적인 규범 또한 폭로한다. 한국의 남성 중심적 신자유주의는 여성에게 상징적으로는 성 평등을 주장하면서 구조적으로는 육체를 통한 정체성과 성공만을 '선택지'랍시고 쥐어준다. 이러한 상황에서 여성이 경험하는 문화적 압력은 스스로의 육체를 학대하고 절멸시키는 것으로 이어진다. 한국 여성의 살인적이라고 할 만한 다이어트와 성형 실천, 젊은 여성의 높은 자살률은 이를 방증한다.

그러니 성적 육체를 통해 성공했다고 여겨지는 여자 아이돌/걸 그룹의 추락은 남녀 대중 모두에게 언제든 은밀히 환영받는다. 다른 아이돌 상품과의 차별화와 남성 중심적 성적 욕망에 기대어 '우연히' 성공한 그녀들의 굴욕을 기뻐하는 대중의 심리에는 정의 실현의 욕구마저 뒤틀린 형태로 뒤얽혀 있다. 게다가 지금의 속도로 실제 소녀들과 문화 콘텐츠로서의 여자 아이돌/걸 그룹의 호환이 진행된다면 이들이 매개된 증강현실(Augmented Reality)의 도래도 멀지 않았다. 우리는 걸 그룹 I.O.I 의 데뷔 과정에서 이미 이를 경험했다. 이러한 상황의 전개는 공적 평등과 사적 소유 간 모순이 극대화된 한국 사회에서 이들에 대한 더 큰 선망과 더 격렬한 샤덴프로이데의 이중적인 감정 구조를 심화시킬 것이다. 그간 대중문화에 대한 여성 팬들의 소비에 적극적인 의미를 부여해온 여성주의 문화연구자들로서는 다소 난감한 사태가 아닐 수 없다.

우리는 여기에서 다시 시작해야 한다. 여자 아이돌/걸 그룹의 성적 육체는 상품 생산에 포섭된 이미지 소비를 통해 고통 없는 몰두와 분노 없는 적의 사이를 왕복하는 대중 그리고 이들을 포함하는 작금의 문화 산업을 살펴보기에 모자람 없는 궤적이다. 이를 살펴보면서 우리는 급진적 성 정치가 종종 기존 질서에 포획된다는 사실에 맞닥뜨릴 것이다. 그러나 궁극적으로 이는 남성 중심적 신자유주의를 지탱하는 우아한 폭력과 잔인한 환상을 남김없이 드러낼 것이다.

○

6장　　　　　　**10대 여성의 디지털 노동과 '소녀성'**

김애라

○

소녀적인 것과 위반적인 것 사이에서는
분명 '미성년 여성'이라는 연령, 젠더 규범성으로부터
자유로워 보이는 공간이 만들어지고 있다.
하지만 모니터를 통해
거침없고 반짝이며 자유롭고
또한 위반적으로 보이는 10대 여성들이
모니터를 떠나 노동시장에 진입할 때,
혹은 여성 시민일 때도
반짝이며 자유로울 것인가?

○

소셜 미디어의 대표 사이트인 페이스북이 마크 저커버그(Mark Zuckerberg)가 대학 시절 만든 여학생 외모 평가 사이트인 페이스매시닷컴에서 시작되었다는 이야기는 유명하다. 그는 학교 서버를 해킹해 다운로드한 여학생들의 사진을 이용해 페이스매시닷컴을 만들었다. 하버드의 여학생들을 외모로 줄 세우겠다는 남성 프로그래머의 기획 속에서 등장한 것이 바로 지금 최대 소셜 네트워킹 서비스인 페이스북이다. 흥미롭게도 소위 디지털 키즈인 10대 여성들의 또래 네트워크에서 유행하는 콘텐츠 종류들을 보면 자연스럽게 페이스북의 전신인 여학생 외모 평가 사이트가 연상된다. "Only Girls", "남친한테 사랑받는 화장 팁", "쌩얼 너무 이쁘다", "남친 짤 집합소", "오늘 뭐 먹지", "지금 탐나는 아이템", "남자가 여자에게 관심 있을 때", "이뻐지고 싶어?―성형 화장 뷰티 다이어트", "빙수 추천소", "데일리룩". 10대 여성들은 스타일리시한 외모를 가진 여성의 게시물을 열심히 관찰하며 '좋아요'를 누르고, 패션·화장·다이어트·성형 등을 통해 비슷한 방식으로 자신을 재현함으로써 소셜 네트워킹을 한다.

주목 경제의 돈이 되는 소녀들

여학생들의 외모를 전시하고 평가하는 것에서 사람들의 주목과 흥미 그리고 참여를 이끌어내겠다는 저커버그의 기획은 지금 페이스북을 위시한 다수의 소셜 미디어 기업들의 수익 전략이다. 소셜 미디어 시장은 세계적인 경제 불황, 위기에서 드물게 비껴나 있는 분야 가운데 하나다. 대표적으로 세계적인 소셜 네트워킹 서비스인 페이스북의 시가 총액은 2017년 6월 기준 497조 원을 돌파했고, 페이스북 CEO 저커버그의 자산은 2008년 15억 달러에서 2017년 7월 기준 581억 달러로 약 40배 늘었다.[1] 이 같은 소셜 미디어 기업들의 빠른 성장과 어마어마한 수익은 순전히 소셜 미디어의 이용자들 덕분이다. 더 많은 주목과 관심 그리고 이용자 규모는 현재 소셜 미디어 기업들의 수익 대다수를 차지하는 광고 수익과 직결된다. 소셜 미디어 기업들은 플랫폼을 공짜로 제공함으로써 이용자들의 참여를 독려하고, 이용자들과 이용자들의 정보를 일종의 광고 상품으로 판매한다.

소셜 미디어 기업들의 수익 전략은 이용자들의 인터넷 참여 형식을 자기 전시와 네트워크 내의 평판을 중심으로 하는 계정 운영으로 바꾸었다. 멋지고 세련된 프로필 사진과 실시간의 개인 일상 전시 등 사람들이 좋아할 만한 일종의 콘텐츠 생산을 소셜 미디어 문화의 중요한 덕목으로 만들었다. 그리고 소셜 미디어 기업들은 이용자들이 업로드하는 각종 정보 및 콘텐츠를 통해 광고 수익을 얻는 것이다.

2010년 이후 소셜 미디어의 대중화와 함께 소셜 미디어의 적극적인 이용자로 부상한 10대 여성들은 소셜 미디어를 굴러가게 하는 방대한 콘텐츠의 생산자이자 소셜 미디어 광고 시장의 새로운 자원으로 등장하고 있다. 10대 여성들이 각종 정보를 수시로 확인하고, '좋아요'를 누르는 실시간적인 참여 활동을 하는 덕분이다. 10대 여성이 소셜 미디어에 공유하고 있는 패션·화장품·쇼핑몰·연애·여가·대중문화 등에 관한 온갖 경험과 후기에서부터 재미있고 볼만한 거리로 추천하는 '좋아요', 유튜브의 팬덤 문화 생산물 그리고 자신의 얼굴 사진과 일상에 관한 작성물 등은 실제로 거대한 소셜 미디어를 만들어가고 있는 콘텐츠 자원이다.

또한 10대 여성들은 또래들을 위한 광고의 기획자, 즉 각종 맞춤 정보의 생산자로서 발탁되고 있다. 대표적으로 소셜 미디어의 또래 문화에서 등장한 '페북 스타'나 '얼짱'과 같은 인물들은 10대 여성 당사자로서 소셜 미디어 광고 시장에서 10대 여성들을 연계하고, 10대 여성들에게 더욱 적합한 정보의 풀로 활용된다. 이용자 자체가 잠재적 광고 자원이자 광고 생산자이자 운반자인 소셜 미디어 시장은 새로운 수익의 원천으로 10대 여성들의 또래 네트워크에 주목하기 시작한 것이다.

'이용자'를 중심으로 재편된 웹2.0 환경으로의 변화 속에서 10대 여성들은 '소비자' 혹은 문화 산업의 '팬'이라는 다소 한정적인 지위의 유사 생산자에서 소셜 미디어의 '이용자'·'참여자'로 바뀌면서 소셜 미디어와 소셜 미디어 소비 시장과 직접적으로 관계하고 있다. 이때 소비 시장은 10대 여성 이용자들에게 또래 문화와 성별화된 소비문화의 향유자 역할을 기대하는 동시에 그들을 노동력으로 포착한다. 이 글은 열정적인 소셜 미디어 이용자인 10대 여성들을 통해 소셜 미디어가 어떻게 자발적인 참여자들을 모으고 스스로 하나의 거대한 광고판이 되도록 하는지, 어떻게 수익을 만들어내는지에 대한 것이다. 동시에 디지털 테크놀로지와 결합하여 진화하고 있는 동시대 정보자본주의에서 미성년자로서 비공식적인 노동 영역에 속한 10대 여성들을 어떻게, 어떤 노동력으로 여기고 활용하는지, 특히 오늘날 소녀들(의 소셜 네트워킹)이 어떻게 해서 이토록 팔릴 만한 것이 되었는지에 관한 여성주의적 문제 제기다.

동시에 이 글은 정보자본주의 시대에 한국의 '10대 여성'이라는 범주의 변화를 비판적으로 분석하고자 하는 시도이기도 하다. 오랫동안 한국의 10대들은 고등학교 졸업 이후 세대와는 구분되는 현장에 있었으며, 그에 적합한 정체성을 유지하라는 기대를 받아왔다. 그리고 이 '적합한 정체성'에 대한 사회적 의미와 10대들이 스스로를 정체화하는 방식은 정치경제적 변화와 함께 달라져왔다. 특히 1990년대 후반 소비자본주의, 2000년 중반 이후 신자유주의를 거치며 10대들은 '학생'으로서 입시 및 취업에서의 경쟁력과 패션·뷰티 분야의 소비를 통해 '청소년답지 않은' 스타일을 동시에 잘 유지하고자 하는 쪽으로 변화해왔다.

이와 같은 변화는 2010년 이후 10대 여성들이 소셜 미디어가 매개된 삶에 적극 참여함으로써 더욱 가시화되고 있다. 디지털 문화에서 10대 여성들은 성인과 수평적인 관계에서 정보와 경험을 공유하고 같은 상품과 공간을 소비할 수 있게 되었다. 그뿐만 아니라 이용자를 노동력으로 동원하고자 하는 디지털 경제는 10대 여성에게 '10대' 혹은 '미성년자'라는 범주를 상대화할 수 있는 공간과 10대로서 가진 시간 자원을 충분히 쏟을 수 있는 공간을 동시에 마련함으로써 10대 여성에게 참여를 지속하고자 하는 열정과 즐거움의 기회를 제공한다. 그리고 다시 이 열정과 즐거움은 디지털 문화의 소비자이자 생산자로서 10대 여성들이 디지털 경제의 충실한 복무자 역할을 수행토록 한다.

디지털 테크놀로지 덕분에 10대 여성들은 언제 어디에서든 각종 정보와 상품 그리고 교사나 부모의 감시와 통제에서 해방된 즐거움의 공간에 접근할 수 있게 되었다. 즉, 10대 여성들에게 작동해온 '미성년'이라는 연령에 기인하는 시공간의 제약은 약화되고 있다. 또한 이들이 대부분의 시간을 보내는 네트워크에서 10대 여성들은 이제 '미성년'이라는 단일한 범주로 묶이지 않는다. 대신 프로필 사진과 팔로어나 친구의 수, '좋아요'의 수, 혹은 정보를 공유하는 친구 네트워크를 통해 스스로를 정체화한다.

이때 10대 여성들의 소셜 네트워킹은 주로 화장, 다이어트와 성형, 여행이나 카페 투어 등과 같은 외모 가꾸기와 소비 실천을 전시하고 관련 정보를 공유하는 형태로 이루어진다. 이는 이제까지는 주로 10대 여성들에게 고등학교 졸업 이후로 유예할 것이 요구되거나 미성년이 아닌 여성들에게 허용되어온 여성적 섹슈얼리티의 표현으로 여겨져온 것이다. 즉, 성인 여성 이전의 시기로 정의되어온 '10대 여성', '미성년자'라는 정체성은 학교나 부모의 통제에서 분리된 또래 네트워크의 공간, 소비자본주의적 공간을 마련해주는 소셜 미디어를 매개로 약화되고 있다.

알고리즘이 만들어낸 소녀들의 소비 시장

소셜 미디어가 오늘날 10대 여성들의 아지트가 된 것은 친구들과의 네트워킹 속에 있는 그들의 관심사에 맞추어진 할 거리를 지속적으로 제공하기 때문이다. 소셜 미디어의 등장은 이용자들로 하여금 정보를 접하는 방법을 근본적으로 바꾸어놓았다고 평가받는다. 소위 웹1.0에서 이용자들은 자신들의 필요에 의해 정보를 직접 찾아다녔다. 인터넷 이용자들은 원하는 정보를 얻기 위해서 주로 관련 사이트를 뒤지고 문의 메일을 보내는 등의 노력을 기울여야 했다. 하지만 지금 웹2.0의 '소셜'한 인터넷 기술은 이용자들의 신상 정보와 인터넷 활동에 관한 데이터들을 기반으로 맞춤 정보를 제공한다. 또한 정보를 인터넷에서 소통의 매개체로 활용토록 하는 소셜 미디어 플랫폼은 이용자들 서로가 특정한 정보를 매개로 관계를 맺고 또 유지하게 함으로써 인터넷에 접속하는 것만으로도 정보 속에 있도록 만든다. 요컨대 이제 인터넷 이용자들은 자신이 원하거나 필요로 하는 정보를 찾기보다 자신에게 추천되는 정보 속에 있게 된 것이다.

다양한 소셜 미디어 중 페이스북이 10대들의 가장 대중적인 플랫폼으로 자리 잡게 된 두 가지 요소는 디지털 시대 10대 또래 문화에서 중요하게 여겨지는 또래 네트워크와 광범위한 정보 제공이다.[2] 소셜 미디어가 대중화되면서 이용자들은 자신의 소셜 미디어 활용도에 따라 사용하는 플랫폼을 다양화했는데, 예컨대 정치나 사회에 대한 빠른 뉴스를 보거나 팬덤 문화를 향유하기 위한 용도로는 트위터, 감각적이고 트랜디한 사진들을 공유하기 위한 용도로는 인스타그램 그리고 오프라인 네트워크를 기반으로 한 인맥 쌓기 및 광범한 정보 공유로는 주로 페이스북을 사용하는 식이다. 물론 10대 여성들 역시 다양한 소셜 미디어 계정을 가지고 있고, 개인이 중요하게 여기는 소셜 미디어 활동에 따라 주로 사용하는 플랫폼은 다르다. 하지만 10대 시기 학교를 기반으로 한 오프라인 또래 커뮤니티 및 평판의 중요성은 페이스북을 10대들에게 가장 인기 있는 소셜 미디어로 만들었다.

즉, 페이스북이 가장 인기 있는 이유는 오프라인의 또래 커뮤니티 사이에서 유행하는 최신의 각종 정보를 확인할 수 있다는 점에 있다. 10대 여성들은 페이스북에서 자신의 취향과 또래 네트워크라는 범주에 속한 정보를 추천받는다. 이때 10대 여성들이 페이스북이 자신에게 딱 맞는 정보를 제공해준다고 생각하게 만드는 것은 엣지랭크[3]라는 페이스북의 정보 필터 알고리즘 덕분이다. 개인 이용자의 성별, 연령, 친구 네트워크, 각종 활동 내역을 기반으로 제공되는 맞춤 정보 속에서 10대 여성들은 즐겁고 실용적인 소셜 미디어 라이프를 즐긴다. 각종 정보를 매개로 친구들과 대화를 나누거나 이 정보를 퍼 나름으로써 공통의 관심사를 만들어 공유한다. 이 과정은 그 자체로 또래의 놀이 문화를 형성하며 실제적인 즐거움을 제공한다. 그뿐만 아니라 10대 여성들은 페이지 구독과 친구들이 '좋아요'를 통해 공유해주는 정보를 보면서 또래들 사이에서 유행하는 경향에 대한 공통적인 정보를 파악하는 동시에 자신의 관심사에도 최적화된 정보를 제공받는다.

이러한 상호작용을 통해 소셜 미디어에는 10대 여성들만의 정보 풀이 만들어진다. 자동화된 정보환경은 10대 여성들을 소비자로 삼는 시장 형성에 훌륭한 조건이 되어준다. 특히 10대 여성들을 대상으로 만들어지고 있는 이와 같은 정보 혹은 광고는 화장품·패션·연애·다이어트 등의 동일한 레퍼런스를 기반으로 10대 여성들을 한데 묶고 있다. 화장을 하거나 외모 꾸미기에 유독 관심을 쏟는 것이 이전에는 소위 '잘 나가는' 여학생들의 일탈 행동이었다면, 지금 10대 여성들에게는 늘 확인하고 익혀야 하는 것이 되었다. 이때 소셜 미디어는 10대 여성이 익혀야 하는 패션과 뷰티 영역에 관한 가장 최신의, 다양하면서도 취향에 맞추어진 정보의 장이다.

많은 10대 여성은 또래들의 화장이나 헤어스타일, 패션 등이 페이스북이 만들어내고 있는 특정한 트렌드에 맞추어지는 경우가 많다고 말한다. 어느 순간부터 갑작스럽게 친구들 사이에 유행하는 것들은 대개가 '요즘 이렇대요' 하는 페이스북 정보에서 시작된다. 예를 들어, 10대 여성들 사이에서 유행한 도화살 메이크업, 긴 머리 웨이브, 트윈 룩 등은 모두 페이스북에서 또래 사이로 퍼져나간 것이다. 또한 '요즘 친한 친구들은 트윈 룩을 입는다'는 페이스북 정보는 트윈 룩에 대한 트렌드와 소비를 만들 뿐 아니라 친밀함 자체를 규정하기도 한다. 친구와 트윈 룩을 입고 함께 사진을 찍어 소셜 미디어에 업로드했을 때 그들이 실제로 친한 친구임을 모두에게 인정받는 식이다. 친구와의 관계라는 학교생활 혹은 또래 사이의 일상이 트윈 룩이라는 패션·뷰티 상품과 결합하면서 친한 친구와는 무엇을 해야 하는지, 친한 친구와 무엇을 할 때 더 특별한 관계임이 확인되는지에 대한 지식을 만든다.

즉, 10대 여성 이용자들의 증가와 함께 소셜 미디어에 형성되고 있는 10대 여성들을 위한 정보의 풀은 실상 소비 시장이다. 10대 여성들은 소셜 미디어를 이용하는 동안 '좋아요'나 '공유' 버튼을 통해 자율적으로 스스로 원하는, 자신에게 필요한 정보를 선택하는 동시에 늘 광고 속에 있게 되는 셈이다. 이들은 단지 소비자에 그치기보다 기꺼이 광고를 퍼 나르며 친구들에게 상품을 추천하고 상품을 걸친 매력적인 자신을 부지런히 전시하는, 소비 콘텐츠를 생산하는 충실한 프로슈머(prosumer)가 되고 있다.

'좋아요'가 만드는 소녀성

김은실은 〈성산업 유입 경험을 통해 본 십대 여성의 성과 정체성〉 연구에서 젠더 관점의 정치경제학적 접근을 시도한 바 있다.[4] 10대 여성들이 성산업 내에서 어떻게 자신을 성적 자원화하는가에 관한 이 연구는 노동시장의 변화와 소비자본주의에서 좀 더 적극적인 주체가 된 10대 여성의 지위 변화에 주목한다. 이 같은 지위 변화가 성산업 유입과 친화적 연결고리를 가지게 되는 맥락을 드러냄으로써 가부장적 자본주의의 성별 체계가 여성성을 구축해가는 과정을 보여준다. 성산업을 운영, 조직하는 남성과 그에게 착취되는 여성이라는 구도를 가시화하면서도 10대 여성을 단지 연약하고 보호받아야 할 성으로 환원하지 않는다.

이 연구는 10대 여성들의 소위 일탈적 행위가 의미화되는 사회적 맥락을 드러냄으로써 10대 여성에 대한 보호주의와 문제주의로 이분화된 시각을 극복하고자 한다. 그리고 오늘날 기존의 10대 여성 규범을 재조정하며 스스로 소비 시장의 적극적이고 직접적인 생산자로서 자신의 외모와 평판을 자원화하고자 하는 디지털 경제의 10대 여성들을 어떻게 설명할 수 있을지에 관한 영감을 준다.

10대 여성들이 소비 주체가 되는 시장에서 소녀성은 상품에 대한 욕망과 소비 실천을 이끌어내는 주요한 장치로 10대 여성들의 또래 문화, 10대 여성들에 관한 당대의 사회문화적 의미와 기대 등에 기반을 둔다.[5] 디지털 경제의 소녀 시장은 소셜 미디어 플랫폼을 기반으로 하는 10대 여성들의 참여 활동에 기반하고 있으며, 여기에서 핵심은 10대 여성들 스스로가 소녀성의 생산자이자 유통자로서 소비 시장과 관계하고 있다는 점이다.

10대 여성들은 데이터 자국을 남김으로써 광고 자원을 제공한다. 실시간으로 업로드하는 자신의 일상이나 많은 시간을 들여 찍은 가장 예쁜 프로필 사진 그리고 '팬'으로서 공유하는 특정 인물이나 장소 등은 그 자체로 소셜 미디어의 콘텐츠를 구성하며 또래 문화의 유행을 만들어낸다. 또한 10대 여성들은 광고를 직접 친구들에게 전달하거나 쇼핑몰이나 피팅 모델의 팬이 됨으로써, 또는 아예 쇼핑몰을 창업하거나 '얼짱'이나 '페북 스타'와 같은 준 아이돌이 되어 또래 문화와 소비 시장을 동시적으로 운영한다.

10대 여성들을 중심으로 형성되고 있는 소셜 미디어 소비 시장의 수익 구조는 더 많은 10대 여성 이용자의 관심과 참여 그리고 이를 통한 유통망을 확보하는 것에 있다. 그리고 유통망 확보는 전적으로 또래 네트워크의 평판 문화, 인터넷 유명인에 기대어 있다. 또래 네트워크를 움직이는 또래 내 평판·명성·인기와 같은 요인은 실상 10대 여성들 사이의 차이, 더 정확히는 위계를 만들고 가시화하는 과정에서 만들어진다. 자기 전시를 중심으로 하는 소셜 미디어의 평판 문화에서 이 위계는 명시적으로 외모로 인해 생겨난다.

외모의 위계는 소셜 미디어 문화에서 10대 여성들이 직접 업로드한 프사(프로필 사진)나 셀피 등을 중심으로 또래 네트워크의 지속적이고 실시간으로 이루어진 관찰과 '좋아요'와 '댓글', '공유' 수와 내용으로 정해진다. 소녀성은 이 같은 소셜 미디어의 반응 안에서 만들어지고 확인된다.

그런데 소셜 미디어에서 만들어지고 있는 소녀성은 단지 타고난 예쁜 얼굴만으로 승인되는 것이 아니라 보정과 조명을 활용한 '사진'과 '화장', '옷'과 같은 기술적 장치들을 통해 생산된다. 이 소녀성은 휴대전화의 기종이나 카메라 애플리케이션, 끊임없이 쏟아져 나오는 화장품이나 옷 등의 상품들과 결합함으로써 그때그때 달라진다. 따라서 소녀성은 필연적으로 소비적이다. 소녀성의 주요 요소인 매력적인 외모를 만드는 감각은 평판이라는 소셜 미디어의 문화적 가치 속에서 자주보이는 얼굴, 헤어스타일, 화장법, 패션 스타일 등을 통해 체득되며, 실시간이라는 소셜 미디어 속도에 따라 빠르게 바뀌는 유행 상품을 그 속도에 맞추어 적절하게 소비하고, 또래 내 평판을 고려해 운영하는 데서 증명되기 때문이다.

소셜 미디어에 형성된 10대 여성들의 소비 시장은 10대 여성들의 부단한 자기 전시와 소통, 각종 정보의 공유 및 수집 등의 참여 활동에 기반을 두고 소셜 미디어 플랫폼이라는 쉽고 효율적인 데이터 통제 권력과 결합함으로써 소비 상품과 소녀성의 연결고리를 생산한다. 이 과정에서 패션, 뷰티 등에 관한 각종 상품 정보는 10대 여성들 사이에서 패션 트렌드와 상품 정보를 확인하기 위한 것일 뿐 아니라 또래 내에서 매력적인 여성상이란 어떤 것인가에 대한 소통과 승인에 중요한 요소로써 실제 소비로 이어진다. 이 과정에서 소녀성은 또래 네트워크에서 유행하는 각종 정보를 탐색하고 적극적으로 실천한 끝에 얻어지는 물질주의적 속성을 띤다.

주목받고 싶은 소녀들의 디지털 노동

소셜 미디어의 소비 시장은 외모에 기반을 두고 있는 평판과 이 속에서 스스로를 정체화하는 여성들을 적극적으로 활용함으로써 커뮤니케이션을 늘리고, 여기에서 가치를 만들어내고자 한다. 이때 특히 자기 계발과 즐거움 속에서 다양한 콘텐츠를 제공하고 또 스스로 콘텐츠가 되고 있는 인터넷 유명인들과 이들의 팬들은 저비용 고효율이라는 소셜 미디어 마케팅 시장에 완벽히 부합한다.

　한국에서 소셜 미디어가 10대 여성들에 대한 효과적인 마케팅 시장이 된 것은 소셜 미디어의 유명인 문화와 무관치 않다. 10대 여성 이용자들은 소셜 미디어에서 자신의 일상은 물론 각종 정보를 실어 나르는 데 두드러진 이용자다. 이 과정에서 예쁘거나 패션 감각이 뛰어난 혹은 화장을 잘하는 또래의 여성은 소셜 미디어를 통해 또래 커뮤니티에서 널리 알려지게 되고, 이 과정에서 소녀성의 공인된 인물인 '페북 스타', '스타 유튜버' 등이 탄생한다.

　10대 여성들에게 '페북 스타'는 자신들의 주요 활동 무대인 페이스북에서 자신들의 네트워크로 만든 일종의 볼거리, 콘텐츠다. 10대 여성들은 '페북 스타'의 팔로어로서 그들을 동경하며 그들의 외모와 일상을 벤치마킹하고자 한다. '페북 스타'가 자신의 셀피 혹은 일상 사진 한 컷을 공개하는 것만으로도 '페북 스타'가 사용한 서클 렌즈와 립스틱이 어떤 브랜드 제품인지, 사진의 배경으로 찍힌 카페가 어디인지 등을 궁금해한다.

적게는 1만 명에서 많게는 400만 명의 팔로어를 가진 '페북 스타'는 바로 그 팔로어들과 그들의 관심 덕분에 소셜 미디어에서 그 자체로 파급력 있는 매체적 속성을 가지는 인물이 되었고 소셜 마케팅 업계의 저렴한 광고매체로 부상했다. '페북 스타'들 또래의 팔로어들 덕분에 다양한 업체들에게 광고 요청을 받는데, 광고는 주로 상품을 착용하거나 소개하는 형식을 띤 사진이나 짤막한 동영상 형태가 된다. 이때 유명인들은 광고를 대가로 상품을 협찬받기도 하고 팔로어 수에 따라 비용을 받기도 한다. 광고 요청을 받는 상품의 종류는 주로 화장품과 의류이지만 그 외에도 치과 미백 및 교정, 미용실의 각종 헤어 시술과 맛집 등 각종 상품을 망라한다. 그리고 이 상품들은 '페북 스타'를 '구독'하는 10대 여성 팔로어들에게 자연스럽게 노출되는 것이다.

즉, 소셜 미디어 시장은 소통과 취미 활동의 즐거움에서 추동되는 10대 여성들의 콘텐츠 생산 활동을 손쉬운 수익 자원으로 포착한다. 소셜 미디어 기업과 소셜 미디어를 광고매체로 사용하는 소비 시장은 '페북 스타'를 활용함으로써 거의 비용을 들이지 않고도 10대 여성들이 자신만의 노하우를 통해 쌓아 올린 유명세와 이를 통해 모은 친구 네트워킹을 손쉽게 활용하는 것이다.

소셜 미디어 공간은 단순히 즐거움과 네트워킹의 공간일 뿐 아니라 분명한 수익적 의도를 가진 소셜 미디어 기업이 만든 공간이다. 소셜 미디어는 엄청난 규모의 이용자 덕분에 디지털 신경제 시대에 가장 시장성 있는 공간으로 주목받아왔다. 게다가 연령·성별·지역 등 이용자들의 인구학적 정보는 물론 그들의 관심사와 기호 등에 이르기까지 이용자들이 상호작용한 정보를 수집한 거대한 데이터베이스를 소유하게 됨으로써 마케팅 시장에서 훌륭한 파트너로 부상한 것이다. 대표적으로 페이스북은 2016년 기준 이용자가 18억 명을 돌파했고, 그 덕분에 모바일 광고 시장 점유율이 80퍼센트에 달한다.[6]

소셜 미디어 기업들은 이용자들이 생산한 정보에서 수익의 원천을 전유하는 독특한 수익 구조를 가진다. 이러한 수익 구조 속에서 이용자들의 참여 활동은 실제로 소셜 미디어 기업을 굴러가게 하는 '디지털 노동'이다.[7] 디지털 노동은 소셜 미디어 기업의 직접적인 착취나 강제와는 상관없는, 개인의 참여를 통해 이루어진다. 특히 티치아나 테라노바(Tiziana Terranova)[8]의 '무임 자유노동(free labor)' 개념은 디지털 노동의 특수성을 잘 드러낸다. '무임 자유노동'은 고용에 기반을 두지 않은 일(work)로서 비임금이며 자유롭게 수행하는 것으로, 이용자들의 '자유'로운 참여를 통해 이루어진다.

보통 미디어 광고에서 관객이 상품으로서 광고를 소비하기만 했다면, 소셜 미디어 광고의 경우 이용자들은 단순히 광고에 노출되어 있기만 한 것이 아니라 온라인 활동이나 광고를 매개로 다른 이용자들과의 소통을 불러일으키는 콘텐츠를 만든다. 이용자들의 상호작용 덕분에 광고는 더 많은 사람에게로 퍼져나갈 수 있게 된다. 소셜 미디어 연구자 크리스티안 푹스(Christian Fuchs)[9]에 따르면, 이용자들의 참여 활동은 디지털 노동으로서 자본이라는 가치를 생산한다. 이때 이용자들이 실제로 소셜 미디어에 참여하는 시간은 곧 소셜 미디어 기업이 이용자들의 프로필 데이터, 소셜 네트워크 데이터, 온라인 행동 데이터를 수집할 수 있도록 하는 시간이다. 페이스북을 위시한 소셜 미디어 기업들은 그들이 수집해둔 데이터를 광고 제작의 재료가 되는 상품으로 판매하고, 이용자들에게는 타깃 광고를 보여주는 식이다.

10대 여성들의 소셜 미디어 소비 시장은 소셜 미디어 활동에 숱한 시간과 노력을 쏟는 10대 여성들의 디지털 노동을 통해 형성되었으며 확장되고 있다. 10대 여성들은 또래 사이에 공유되는 소녀성의 기표이자 소비 시장의 상품 소개자 '페북 스타'로서, '페북 스타'를 승인하고 팔로우하며 '페북 스타'가 소개한 상품을 구매하고 인증 사진을 업로드하는 적극적 이용자로서 혹은 소극적이나마 또래 관계를 유지하고 최소한의 정보를 얻기 위한 이용자로서 소셜 미디어에 참여한다.

이때 10대 여성들이 수행하는 디지털 노동의 형태와 빈도는 각기 자신이 처한 상황이나 미래의 꿈이 무엇인지 등에 따라 다르다. 기본적으로 디지털 노동은 시간의 투여를 필요로 하기 때문이다. 동시대 10대 여성들의 또래 문화가 이전 세대와 비교해 외모를 가꾸기 위한 각종 소비문화에 치중된 것은 사실이지만 여전히 한국 사회에서 제도권에 속한 학생의 일과는 주로 학업을 중심으로 편성되며, 좋은 학벌과 전문직을 갖기 위한 학업의 중요성은 지속적으로 강조되고 있다. 학업을 중시하는 10대 여성들은 상대적으로 소셜 미디어에 쓸 수 있는 시간이 적고, 따라서 '페북 스타'처럼 아주 많은 시간을 소셜 미디어에 투여할 수는 없을 것이다. 즉, 스마트폰을 끊고 공부에 매진하는 소수의 학생들을 제외한다면, 정도의 차이는 있지만 10대 여성들은 쉬는 시간이나 등·하교 시간, 자기 전과 같은 자투리 시간에 셀피를 찍고, 새로 산 화장품을 공유하고, '페북 스타'의 사진에 '좋아요'를 누르면서 소녀성을 퍼뜨리고 생산하는 디지털 노동을 수행하는 것이다.

'소녀성 생산'이라는 여성화된 노동

앞에서 언급했듯이 '페북 스타'는 소셜 미디어의 소비 시장에서 10대 여성들을 겨냥한 맞춤 마케터이자 저비용 인력으로 주목받고 있는 인물이다. 소비 시장이 그들을 통해 일차적으로 얻고자 하는 것은 10대 여성들의 선망과 동경의 감정이다. 그런 감정을 통해 10대 여성들을 상품 소비로 이끄는 것이 소비 시장의 궁극적인 목표이다.

'페북 스타'들은 페이스북의 소셜 마케팅 시장에서 콘텐츠 생산자이자 유통망의 역할을 담당하면서 자기 전시와 평판 유지라는 일상화된 방식의 노동을 지속하게 된다. 이들의 노동은 소셜 미디어 플랫폼에 기반을 두고 있으며, 이 환경적 특성에 맞춘 방식, 즉 일상을 지속적으로 업데이트하고 이에 대한 또래 인맥의 반응을 모니터링하고 소통하는 것으로 이루어진다. 그런데 이들의 노동은 단지 콘텐츠를 업로드하는 순간에만 이루어지는 것이 아니다. 이들의 콘텐츠는 사생활을 전시하는 형태를 띠기 때문에 기획부터 결과물의 생산까지 많은 시간이 투여된다. 예를 들어, 옷을 잘 차려입고, 완벽한 화장을 하고, 동화에나 나올 법한 카페나 여행지에 다녀오며, 로맨스 판타지를 충족시키는 방식으로 남자 친구와 데이트를 한다. 즉, '페북 스타'들은 단지 제품을 광고하는 것이 아니라 노동력이자 상품인 자신의 일상과 감각을 판매한다.

전통적인 노동에서는 작업장과 일상이 분리되어 있으며, 노동자의 정체성은 일상이나 사적 공간보다는 일터에서 주요하게 작동된다. 하지만 '페북 스타'들은 일상과 감각을 쥐어짜내야만 하는 그들의 디지털 노동의 특수성으로 인해 늘 노동 상태에 있게 된다. 더구나 그들이 수행하는 디지털 노동의 주요 내용인 '예쁘고 어린 여성'이라는 특징은 여성 노동의 전문성을 인정하는 요소이기보다는 문화적으로 여성들을 평가하는 요소로 이해되어왔다. 따라서 '페북 스타'들의 디지털 노동과 이에 대한 소셜 마케팅 업계 및 또래 네트워크의 평가는 일종의 소셜 마케터로서 수행하는 노동에 관한 것이기보다는 어린 여성으로서의 매력, 즉 여성 정체성에 관한 평가로서 더 가시화되는 측면이 있다.

소셜 미디어 플랫폼은 이용자로 하여금 그 속에서 사회적 관계를 맺도록 하고, 그럼으로써 구체화되는 애착과 유명세에 대한 욕망과 자랑스러움, 소속감, 연결되어 있다는 충족감 등을 통해 계속해서 이들을 충실한 이용자로 남게 한다. 소셜 미디어 이용자들이 네트워크화된 다른 사람들과 소통하는 과정에서 겪는 친밀감이나 강한 정동적 경험은 이용자의 정체성 형성에 관계한다.[10]

'좋아요'나 댓글 수, 친구 수와 같은 소셜 미디어 속의 장치들은 이용자들의 인기를 가시화한다. 이를 통해 공식화된 자신의 지위는 아주 구체적인 감정을 불러일으킨다. '뭐라도 된 것 같은' 기분은 이들이 디지털 노동을 계속하도록 만든다. 게다가 기업에게 이들의 인기와 명성은 거의 공짜로 광고에 이용할 수 있는 싼 자원이지만, '페북 스타'를 위시한 또래 10대 여성들에게도 그것은 기껏 사진 한 장을 게시하는 것으로 신상 화장품이나 의류를 공짜로 받을 수 있는 좋은 기회 혹은 패스트푸드점 아르바이트 수입과 비교하면 일 같지도 않은 일을 하면서 혹은 놀면서 훨씬 많은 용돈을 벌 수 있는 특별한 기회를 제공해주는 자원이기도 하다.

'페북 스타'의 디지털 노동은 네트워크화된 또래 인맥의 집합적 정동 과정에서 이루어진다는 점과 비공식적이고 소비문화적인 여성화된 노동의 성격으로 인해 주로 참여와 놀이로 의미가 부여된다. 이것은 소셜 미디어 시장이 여성들을 노동력으로 동원하는 동력으로 작동하며, 여성들 스스로에게도 무임이나 저임의 노동을 하고 있다는 인식으로부터 자유롭게 한다. 이와 같은 인식은 특히 여성 '페북 스타'들의 디지털 노동 내용이 문화적으로 여성에 대한 평가 요소로 이해되어온 '매력적인 어린 여성'이라는 점에 기인한다. '페북 스타'와 그 팬들인 10대 여성들의 디지털 노동을 이끄는 주요 요인은 고용 관계나 단순한 물질적 보상보다도 개인 여성으로서 긍정적인 평가를 받음으로써 얻게 되는 즐거움이 큰 비중을 차지하는 것이다.

페북 스타들은 발 빠른 소비와 지속적인 일상의 전시를 통해 감각적이며 어리고 예쁜 여성의 모습을 드러냄으로써 자신의 지위를 유지하는 동시에 물질적 보상을 기대할 수 있다. 이러한 노동은 외견상 놀이처럼 보이지만 실제로는 소셜 미디어의 소비 시장을 지탱하는 항시적인 생산 활동이다. 그런데도 '매력적인 어린 여성'이라는 정체성과 여기에 뒤따르는 자존감은 그들로 하여금 저임 혹은 무임으로 이 노동에 참여하게 만든다.

소녀성 상품과 소녀 코스프레의 시대

지금 10대 여성들은 짧은 테니스 스커트와 배와 가슴골이 살짝 드러나는 크롭 티셔츠 그리고 걸 그룹 스타일의 최신 메이크업을 통해 매력적인 소녀성이라는 정체성을 공유한다. 또한 매일같이 하는 스쿼트 운동으로 가꾼 매끄럽고 탄력 있는 몸매를 스키니진과 핫팬츠를 입고 전시할 수 있게 되었다는 점에 뿌듯함과 성취감을 느낀다. 자신의 성취에 당당한 그들의 언어는 '왜 스스로 성적 대상이 되고 있느냐'는 부정적인 시선에 맞선 수 있는 방패막이이며, 매끄럽고 탄력 있는 몸매를 드러낼 자유와 이를 통해 얻는 긍정적인 평판이나 인기를 통한 즐거움, 혹은 광고 수익을 얻을 수 있는 권리로 나아가게도 한다.

이 같은 10대 여성들의 언어는 지금 한국 사회에서 10대 여성의 범주를 바꿔가고 있다. 신자유주의적 자기 계발 담론과 결합한 소비자본주의의 진화와 무엇보다 소셜 미디어를 매개로 10대 여성들이 소비 시장의 각종 콘텐츠를 공유하고, 생산자로서 시장과 직접 만나기 시작하면서 소녀 시기는 성인 여성을 예비하는 유예와 통제의 시기에서 주체의 시기로 다시 정의되고 있다. 이제는 화장이나 성형, 연애와 스킨십 등이 성인 여성에게 더 적합한 것으로 여겨지지 않는다. 특히 제한 없이 다양한 영역의 정보 수집과 공유가 가능해진 미디어 환경에서 10대 여성들은 각종 소비 상품과 문화적 감수성을 통해 '미성년', '10대 여성', '학생' 등으로 정의되어온 '소녀적인 것'의 속성을 바꾸고 있다. '순수'하고 '여리여리'하고 '러블리'한 전통적인 '소녀' 스타일은 시장을 경유하면서 패션·화장품·성형·여행 등 다양한 상품과 자유로운 연애와 성이라는 문화적 감성의 결합으로 기존의 의미를 위반하는 동시에 다양화하고 있다.

10대 여성들의 일상 속에서 성별과 나이의 규범이 작동하는 순진하고 청순한 전통적 소녀 범주는 활달함이나 섹시함과 같이 다양한 '스타일' 중 하나로 상대화되고 있다. 즉, 소녀성은 10대, 미성년자 여성이라는 연령 범주에 기반을 둔 것이 아니라, 각종 소비 상품과 문화적 콘텐츠를 통한 물질주의적인 방식으로 구성되며, 소녀들인 실제 10대 여성들에게도 이는 소비를 통한 일종의 코스프레의 성격을 띤다.

지금 이루어지고 있는 소녀성의 다양화 및 확대는 10대 여성 당사자들의 참여와 소녀성을 매개로 하는 상품 시장의 확산 속에 있다. 10대 여성들을 소비 대상으로 상정해오던 시장은 이제 소녀성을 팔 만한 것으로 만든다. 이로써 소녀성을 구매하고자 하는 10대 아닌 여성들에게까지 판매 범위를 넓혀간다. 이제 소녀성은 10대 여성들의 속성으로 남아 있기보다 더 어려 보이고 소비와 유행에 민감한 매력적인 여성의 규범으로 재탄생하고 있다.

팔릴 만한 상품으로서의 소녀성이 그 생산자인 10대 여성들의 등장과 함께 미성년 규범성 등과 점차 결별하고 다양한 상품, 문화적 장치와 감수성 등을 통해 선택적으로 활용되기 시작한 것은 어떤 신호탄인가?

소녀성의 소비 산업적 전유는 필연적으로 소녀성에 대한 모순적 의미를 만들어낸다. 화장과 성형, 패션의 소비, 연애와 성적 실천 등 과거 한국 사회의 10대 여성들에게는 금지되었던 영역이 소비 시장과 미디어를 매개로 젠더와 연령의 통제를 해제하는 동시에 '어림'과 소녀의 육체를 전면에 내세우고 있다.[11] 소녀성의 변화는 미성년 규범성에 대한 재고, 단일한 소녀성 규범에 대한 도전과 위반이라는 의미를 지니지만, 동시에 그러한 도전과 위반은 소비문화를 경유해야만 가능한 듯 보인다. 또한 소비문화를 매개로 미성년 규범성에 도전하고 위반하는 행위는 오히려 소녀의 육체를 강조하고 유지함으로써 가능하다.

소셜 미디어의 소통 메커니즘 속에서 가장 최신의 소비 트렌드를 향유하는, 그 어느 때보다도 자신의 성적 매력을 드러내기를 주저하지 않기로 한 10대 여성들의 선택은 소녀성의 변화가 여성의 섹슈얼리티 이슈의 탈정치화와 관계되어 있음을 강력하게 시사한다. 여성의 외모 가꾸기와 성적 대상화 등의 문제는 이제 10대 여성들의 집단적 향유 문화, 개인적 즐거움과 자기 계발, 노동 전망과의 관계 속에서 이해됨으로써 성별 권력관계나 정치적 영역의 문제가 아니라 감각적인 감성 혹은 개인적 매력의 영역으로 완벽히 이동한 것처럼 보인다. 그리고 이러한 감각적인 권리의 언어가 오늘날 10대 여성 범주를 새롭게 규정하고 있으며, 소녀성과 소비자본의 손쉬운 결합에 기여하고 있다.

한국 사회에서 소녀성은 실제 10대 연령의 여성들을 위한 각종 상품에서 '롤리타' 콘셉트의 19금 콘텐츠에 이르기까지 기존의 소녀적인 것과 소녀적인 것의 위반 사이를 넘나들며 팔리는 콘텐츠로서 빠르게 확산되어왔다. 최근 아이유, 설리의 롤리타 콤플렉스에 관한 논란에서 알 수 있듯이 주로 '미소녀' 문화나 소위 '롤리타적 취향'의 하위문화집단들에서나 공유되던 성애화된 소녀의 형상은 오늘날 문화 콘텐츠의 일부로서 케이팝(K-Pop)적 세련미를 보여주는 대상으로 인식되거나, 소비주의 사회에서 혹은 일종의 감성이나 미학, 스타일 등을 보여주는 대상 혹은 대중문화적 '덕질'의 대상으로 의미를 갖게 되기도 한다.

소녀적인 것과 위반적인 것 사이에서는 분명 '미성년 여성'이라는 연령, 젠더 규범성으로부터 자유로워 보이는 공간이 만들어지고 있다. 이와 같은 공간은 전에 없던 조합과 틈새, 기존의 성별 규범과 어른 세대에 대한 도발을 허용하지만, '자유로운' 개인들의 욕망과 경쟁, 상호 모방, 심리적 전염을 주요한 가치로 하는 통제 사회[12] 속에 있다. 소셜 미디어의 소비자본주의가 소녀성을 활용하는 전략은 미성년성과 탈미성년성의 다양한 조합을 통해 끊임없이 세부적인 차이를 만들어냄으로써 더욱 많은 소비자를 포섭하고 경쟁에서 우위를 차지하기 위한 시장 모델에 기반을 두고 있다. 소녀들의 자율성과 자유의 공간은 바로 이 속에 있다.

하지만 모니터를 통해 거침없고 반짝이며 자유롭고 또한 위반적으로 보이는 10대 여성들이 모니터를 떠나 노동시장에 진입할 때, 혹은 여성 시민일 때도 반짝이며 자유로울 것인가?

스스로 성적인 매력을 끌어올리고 이를 통해 사람들의 주목을 이끌어내는 것이 너무 쉽게 주체화의 언어로, 커리어의 언어로 정상화되고 있다. 주목을 이끌어내는 것 자체의 물신화와 그 내용의 정치성이나 권력 이론 등은 왜 더 중요하게 고려되지 않고 있는가? 10대 여성들은 학교나 사회의 제도화된 훈육의 자리를 대신한 소비문화 속에서 자율적으로 성별화된 여성을 선취하고 있다. 어느 때보다 많은 자유와 자율의 공간에 있는 것처럼 보이는 10대 여성들을 축하하고 놀라워하는 동안 한편에서는 그들에게 허락된 자유의 조건이 무엇인지 질문해야만 한다.

○

7장

저출산 담론과 젠더:
여성주의 비판과 재해석

서정애

○

저출산 대책이 실패한 이유는
상황의 심각성에 대한 인식이 부족하거나
재정의 투입과 실행에 문제가 있어서가 아니다.
그보다는 저출산 대책이
출산과 육아에 관한 여성들의 인식 변화,
재생산을 둘러싼 사회적 관계가
여성에게 미치는 영향 등을
간과했기 때문이다.

○

우리나라의 합계출산율이 지난해에도 경제협력개발기구(OECD) 회원 국 중 가장 낮았던 것으로 나타났다. 특히 그동안 '초저출산 국가'(합계 출산율 1.3명 미만)로 분류됐던 OECD 회원국들이 속속 초저출산 현상에 서 벗어나고 있는 가운데, 우리나라의 합계출산율은 오히려 하락할 것 으로 보인다. …… 통계청에 따르면 올해(2016년—필자 주) 5월까지 출생 아 수는 18만 2,400명으로 전년 동기 대비 5.3퍼센트 감소했다. 이 같 은 추세라면 올해 출생아 수는 40만 명도 채우기 쉽지 않을 전망이다.[1]

기사에서 경고하는 인구 위기가 본격적으로 인식되기 시작한 것은 2000년대 초반이다.[2] 1984년 합계출산율이 2.1명으로 인구 대체 수준 이하로 떨어지고, 2005년 합계출산율이 1.08명으로 추락하면서 국가 성장과 발전에 대한 위기감이 높아졌다. "저출산은 인구 폭발보다 더 무섭고 복잡한 재앙", "지금은 준(準)비상사태", "아이 울음소리 끊기면 미래 없다", "인구 재앙의 위기"라는 기사 제목들은 저출산이 우리 사 회가 직면한 심각한 위험이라는 메시지를 던졌다.[3]

인구 위기, 새롭게 읽기

저출산은 소비 위축으로 이어진다고 지적한 경제학자 해리 덴트(Harry Dent)도 2018년 인구 절벽이 시작되는 한국 사회는 2024년에 디플레이션을 맞을 것이라고 예고하여 인구 위기론에 불을 지폈다.[4] 그로부터 10여 년이 지난 지금도 나아진 것은 없다. 오히려 인구학적 통계는 더 절망적으로 치닫고 있다. 전 세계적으로 유례없는 출산율 1.3명 이하인 초저출산 추이가 15년째 지속되고 있다.

이런 여파로 노동력과 교육, 국방, 지역사회 등 사회 전반에서 인구 감소 징후가 나타나고 있다.[5] 설상가상으로 1970년대에 100만 명 선을 유지하던 출생아 수가 2016년에 40만 6,300명으로 역대 최저 출생아 수를 기록하며 인구 절벽이 가시화되었다. 이는 1970년 통계 작성 이후 가장 낮은 수치로, 전 세계 211개국 중 최하위권에 해당한다. 이 정도면 볼프강 루츠(Wolfgang Lutz)가 강조한 대로 '저출산 함정(low fertility trap)'[6]에 빠져든 게 분명하다.

인구 위기에 대한 대응은 정부가 주도적으로 시작했다. 노무현 정부는 출범 2년차인 2005년에 저출산 대응을 국정 과제로 채택하고 저출산·고령사회기본법을 제정하여 법적·제도적 기반을 조성했다. 이어서 2006년부터 저출산·고령사회기본계획이 시행되었는데 이후 10여 년을 거치면서 정책 분야에 따라 시행된 과제만 수백 가지가 넘는다. 그런데도 출산율은 계속 떨어지고 있으며, 여전히 반등할 기미도 보이지 않는다.

그 이유를 알기 위해서는 출산의 주체인 여성의 관점에서 문제를 새롭게 살펴볼 필요가 있다. 출산 억제에서 출산 장려까지, 지난 50여 년 간 국가와 여성의 출산력은 긴밀한 관계를 유지해왔다. 국가는 여성들의 사회적 위치와 역할을 규제하는 중요한 기구였다.[7] 특히 국가 주도의 근대화 과정에서 여성의 재생산이 국가 발전의 저해 요인으로 간주되면서 여성들은 소자녀 중심의 근대적 모성을 발휘할 것을 요청받았다. 그렇다고 가족계획의 성공이 전적으로 정부가 주도한 홍보와 계몽에 의한 것이라고 보기는 어렵다. 가족계획(피임)을 실천해서 소(小)가족을 형성하면 자신과 가족이 행복해지리라는 기대가 여성들에게 있었기 때문에 성공할 수 있었다. 적어도 당시 여성들에게는 국가 정책을 통해 자신의 새로운 미래가 열릴 수 있다는 믿음이 있었다.

그런데 지금은 어떤가? 아이를 낳으면 자신의 삶이 달라지고, 지금보다 더 환한 미래가 올 것이라는 기대가 있을까? 아니면 가족 형성이 자신의 삶을 바꿀 수 있다는 조그마한 믿음이라도 가지고 있을까? 1990년대 이후 신자유주의 세계화로 한국 사회 역시 급격히 변화했고, 이에 따라 가족이나 사회에 대한 개인들의 인식도 바뀌었다. 특히 교육과 사회 참여를 통해 여성의 지위가 바뀌면서 여성과 결혼, 출산, 가족을 둘러싼 기존의 사회적 관계망이 해체되거나 재편되고 있다. 즉, 같은 연령대의 남성과는 다른 생애 과정을 경험하게 되지만, 이전 시기와는 다른 성 역할 가치관으로 가족 지향적 삶을 자연스러운 것으로 받아들이지 못하고 있다.[8]

이러한 변화가 나타나는 시점에서 개인의 삶에 간섭하는 정부 주도의 저출산 해법이 유효할 수 있을까? 국가의 발전과 성장이라는 출산 억제 정책 시기의 정책 논리와 유사한 국가주의적 접근이 젊은이들로

하여금 결혼과 출산을 실행하도록 유도하는 데 성공할 수 있을까? 장시간의 노동과 일 중심의 생활 방식이 지배하는 사회에서 출산 정책이 주로 언급하는 '가족 친화적', '여성 친화적'이라는 구호를 체감할 수 있을까?[9]

이런 문제의식을 가지고 이 글은 출산의 주체인 여성의 관점에서, 여성들이 위치한 개인적·사회적 맥락에 기반을 두고 새로운 정책 담론이 구성될 수 있을지 살펴보고자 한다. 지금까지 저출산 대책이 실패한 이유는 상황의 심각성에 대한 인식이 부족하거나 재정의 투입과 실행에 문제가 있어서가 아니다. 그보다는 저출산 대책이 출산과 육아에 관한 여성들의 인식 변화, 재생산을 둘러싼 사회적 관계가 여성에게 미치는 영향 등을 간과했기 때문이다.

예견된 실패, 가족 중심주의적 저출산 해법

출산율 하락으로 인한 인구 위기가 심화되는 현실에서 가장 절실하게 논의되는 주제는 아마도 저출산 해법이 아닐까 한다. 저출산 문제가 점점 심각해지면서 관련 해법도 무수하게 쏟아져 나왔다. 청년 실업, 주택난, 만혼, 교육 문제 등을 해결해야 한다는 주문에서부터 성 평등, 직장과 가정의 양립, 양육에 대한 물적 지원 확대에 이르기까지 나올 만한 해법은 거의 다 나오지 않았나 싶다.

정부도 결혼 지원과 기혼 여성을 중심으로 한 임신과 출산, 양육 부담을 덜어내는 지원에 우선순위를 두고 정책을 추진해왔으며, 이것은 중앙과 지방, 기업, 시민사회 등 전 사회적인 네트워크를 통해서 확대, 재생산되고 있다. 그런데 의도와는 거꾸로 가는 출산율 지표로 인해 내부 비판에 직면하고 있으며, 정책의 수정과 방향 전환을 요구받고 있다. 무엇보다 정책 체감도가 낮다는 문제 제기와 아울러 사각지대를 보완하는 더욱 촘촘한 접근을 주문한다.

이러한 문제가 결코 간단하게 해결될 수 있는 것은 아니지만, 여전히 출산율이 높아지지 않는 이유는 개별 정책들이 지닌 한계 때문이 아니라 잘못된 방향에서 정책을 만들어왔기 때문일 것이다. 출산율을 높이려는 정부의 정책은 핵가족이 안고 있는 여러 문제를 완화시킴으로써 가정을 안정시키고 가족 내 출산을 장려하는 데 집중한다. 국제결혼을 통한 농촌 총각 결혼 지원, 신혼부부 주거 지원, 난임 부부 의료 지원, 기혼 병사와 학생 부부 지원 등이 대표적인 가족 형성 지원 사업이다. 그리고 직장에 다니는 여성이 직장과 가정의 양립을 이룰 수 있도록 보육·육아휴직 등을 지원함으로써 가족 내 출산을 유도한다. 즉, 핵가족 출산 규범을 보강하기 위한 재정적·제도적 지원에 초점이 맞추어져 있다.[10]

그런데 이렇게 특정한 가족의 형성과 유지를 지원하는 형태의 정책이 출산율 상승을 이끌 수 있을까? 현재의 저출산은 가족의 위기, 급격한 가족의 변화로 인해 발생하는데도 특정 가족의 유지와 강화에 집중하는 대책이 타당한 것일까?

한국 사회에서 결혼 여부는 출산율 하락과 밀접한 관련을 갖는다. 혼외 출산이 수용되는 서구와는 달리 우리 사회에서 출산은 결혼 관계 안에서만 인정받기 때문이다. 한국의 혼외 출산율은 전체 출산의 1.9퍼센트에 불과하다. OECD 국가들 중 가장 낮은 이 수치는 재생산에 대한 우리 사회의 위계를 선명하게 드러내는 상징으로 볼 수 있다. 이것은 비단 출산에 그치는 것이 아니라 가족 구성에서도 그대로 작동한다. '혼인으로 결합된 사람과 이들이 출산한 자녀로 이루어지는 집단'이라는 근대 핵가족 규범이 여전히 공고하게 여성의 출산 결정에 영향을 미치는 것으로 보인다.

국내외로 입양되는 아동의 다수가 미혼모가 낳은 아이라는 사실[11]은 미혼 여성의 임신과 출산에 대한 사회적 배제와 무관하지 않다. 우리 사회에서 미혼의 출산은 모성과 가족의 범주에 진입하지 못한다. 미혼모 가족, 동거 가족은 비정상적인 가족으로 범주화된다. 지원 정책을 통해 미혼 인구를 결혼으로 진입시키고자 하는 정부의 저출산 대책도 이런 맥락과 연결되어 있다. 기혼 여성의 94퍼센트가 첫아이를 출산하는 것으로 미루어볼 때 결혼은 출산을 담보하는 가장 확실한 보험이 되는 것이다.

그런데 서구에서도, 우리나라에서도 이러한 결혼 중심의 출산 정책이 성공적으로 보이지 않는다. 오히려 결혼에 대한 인식이 자유로울수록 출산에 대한 선호가 높아지는 것으로 나타난다. 프랑스의 사례가 가장 대표적이다. 1960년대 안정적이던 프랑스의 출산율이 1980년대 이후에는 출산과 결혼 연기, 이혼의 증가 등으로 가족 구조가 변하면서 급격히 떨어졌다.[12] 최근 프랑스에서는 기혼자의 절반이 이혼을 선택하고 있으며, 프랑스 사람들에게 결혼이란 '검은 머리 파뿌리 될 때까지' 지속되는 공고한 연대 계약이 아니라 '이혼하기 전까지 허락된 한시적인 연대'에 불과하다.

흥미로운 것은 가족제도의 강화보다는 다양한 가족의 인정으로 대표되는 가족제도의 자유화가 오히려 출산율을 반등시켰다는 사실이다. 프랑스에서는 일종의 동거 계약인 시민연대협약(PACS, 팍스)이 1999년에 시행된 이후 출산율이 높아지고 있다. 이 협약은 법적 권리가 결혼과 비슷하고, 구속력은 상대적으로 약한 특성을 가지고 있다. 또한 이 협약은 동거 관계에서 출산한 아이에게 결혼 관계에서 출산한 아이와 동일한 권리를 인정하고 있는데, 이런 점이 출산 결정에 매우 큰 영향을 미쳐서 프랑스가 유럽 국가 중 혼외 출산율이 가장 높은 것으로 나타난다.[13] 팍스는 이미 프랑스의 젊은 연인들 사이에서 대중적인 제도가 되고 있으며, 이것은 개인의 영역에 국가가 개입하여 출산율을 올리려는 목적에서 도입한 제도가 아니라 밑에서부터 분출된 사회적 욕구에 대해 국가가 적절히 대응한 제도[14]라는 점에서 시사하는 바가 크다.

프랑스 사례가 보여주는 것은 저출산 문제의 해결이 결혼이나 특정 가족의 형성에 있는 것이 아니라 결혼에 대한 사회나 가족의 압력 없이 아이를 자유롭게 출산할 수 있는 조건에 달려 있다는 점이다. 또한 미혼모 가족이나 동거 가족, 재혼 가족 등이 가족 형태에 따른 어떠한 차별도 받지 않아야 하며, 이들에 대한 사회적 돌봄이 취약 계층에 대한 복지적 시혜 대책 차원에 머물러 있을 것이 아니라 '정상 가족'과 동등한 대우를 해주는 방향으로 이루어져야 한다는 점을 확인시킨다. 서구의 사례가 그대로 우리의 준거가 될 수는 없지만, 우리의 정책이 취하고 있는 관점에 질문을 던지는 것은 분명하다.

가족의 재구성, 여성의 변화 그리고 저출산

이리스 라디쉬(Iris Radisch)는 "지금 이 세상에서 젊은 여성들에게 아이를 낳아야 한다고 말할 수 있을까?"라고 질문한다. 그리고 아이를 낳지 않는 세상을 좀 더 자세히 들여다보면 이러한 호소가 충분히 가식적임을 깨닫게 될 거라고 충고한다.[15] 즉, 우리가 살고 있는 세상이 여성과 남성의 생활 세계가 서로 근접하지 못하는 전근대적인 가족을 고수하는 한편으로 육아의 어려움을 과소평가하며, 무한 경쟁 속에서 물질적 이익을 최상의 가치로 두는 한편으로 아이들을 위한 공간을 제공하지 못하고 있다고 이야기한다. 우리 사회도 예외가 아니다.

앞서 언급한 대로 한국 사회는 신자유주의가 지배하는 시장 중심의 경쟁 시대에 노출되면서 유교적 전통에 기반을 둔 가부장적 가족의 권위가 약화되고 개인의 인식과 생활 방식, 가족 형태 등이 매우 다양해졌다. 특히 국제결혼이나 이혼, 동거에 대한 수용도가 높아지고 있는데, 30대의 동거 수용도는 2014년에 60퍼센트를 넘어섰다.[16] 2015년에는 1인 가구가 전체 가구의 27.2퍼센트로 가구 유형별 비율에서 가장 높은 비중을 차지했으며, 한 부모 가족, 다문화 가족 등 다양한 형태의 가족도 늘어나고 있다.[17] 또한 자발적 무자녀 가족을 선택하는 부부들을 종종 볼 수 있으며, 미혼의 상태에서 임신이나 출산을 하는 여성들과 혼자 아이를 키우는 남성들도 많아지고 있다.[18] 그리고 결혼과 상관없이 아이를 낳아서 기르고 싶어 하는 여성들의 수도 늘고 있다.

그뿐만 아니라 비혼자끼리 생활공동체를 꾸려서 함께 살기도 하고 따로 살면서 공동체 관계망을 유지하기도 한다. 기존의 혈연 및 혼인 관계를 뛰어넘어 동거를 포함한 다양한 형태의 동반자 관계의 권리를 보장하는 생활동반자법[19] 제정이 추진되고 있는 것도 가족 구성의 변화를 반영한다. 미디어에서 재현하는 가족의 형태도 바뀌고 있다. 이전에는 결혼과 출산, 육아로 이어지는 전형적인 '가족의 탄생'을 다루었으나 최근에는 그 자리가 '졸혼', 1인 가구, '돌싱족' 같은 새로운 가족으로 채워지고 있다.[20]

다양한 선택이 가능해진 오늘날, 더 이상 결혼은 과거처럼 특별한 일이 없는 한 지속되는 '자연적인 조건'이 아니다. 결혼을 통해 얻게 되는 혜택이 상대적으로 적은 여성의 경우 결혼과 가족에 거는 기대가 점차 낮아지고 있으며, 결혼을 기피하는 경향은 결혼 연령 상승으로 이어지고 있다. 또한 이러한 결혼과 출산 선택의 기피는 여성들의 성 평등 의식과 밀접하게 관련되는 것으로, 성 평등 수준에 민감한 여성들의 경우 사회 전반에 걸쳐 성 평등주의적 재조직화가 일어나기 전에는 쉽게 출산 거부 결정을 바꾸지 않을 가능성이 높다.[21] 이렇게 대다수 여성이 가부장적 가족 질서 속에서 결혼하고, 결혼하면 거의 예외 없이 출산했던 실질적인 '가족 출산' 시대가 가족과 여성의 동시적인 변화에 직면해서 저물고 있다.

이러한 변화는 한국 사회의 압축적 근대성이 낳은 결과라고 볼 수 있다. 가족에게 강도 높게 부과된 역할 요구와 통제로 '가족 피로'가 누적됨에 따른 불가피한 반응이다.[22] 즉, 만혼과 저출산, 별거와 이혼의 증가 등 다양한 '탈가족적' 징후를 가족 역할의 과부화로 해석할 수 있다.

이러한 가족 형태에 대한 인식 변화의 이면에 있는 우리의 현실은 어떤가? 현재 우리 사회의 가족은 전근대, 근대, 탈근대 가족의 특성과 기능을 모두 섞어놓은 것 같다. 근대 이전의 전통적 가족주의, 유교적 가족주의 시스템의 물적·규범적 토대가 약화되었으나 여전히 부계제가 남아서 영향력을 미치고 있고, 부부와 자녀가 주축이 된 근대 핵가족 중심의 정서적·물적 지원과 상호작용이 일어나고 있다. 그런데 이러한 압축적 조합이 '순기능'으로 작동하지 않는다. 근대 핵가족에서 나타나는 부모와 자녀의 강한 유대감이 자녀의 결혼 지연이나 독립을 유예하는 결과를 낳고 있으며, 자녀에 대한 부모의 기대는 엄청난 교육열과 사교육 부담을 증가시켜 가족의 물적 지속 가능성을 위협하고 있다. 그리고 여전히 공고한 '정상 가족' 규범은 동거나 혼외 출산에 대한 금기로 이어지면서 가족 구성의 다양성을 수용하지 못하고 있다.

그뿐만 아니라 여성과 남성에 대한 문화적 인식의 차이, 가족 안에서 가사와 육아의 일차 책임자로 여성을 설정하는 성 역할 규범 등이 여전히 작동하는 현실은 여성이 직장과 가정을 양립시키기 어렵게 하고 있다. 통계청이 발표한 '2017년 일·가정 양립 지표'에 따르면 기혼 여성의 경제활동 참가율이 52.1퍼센트로 나타났으며, 미성년 자녀를 둔 여성 취업자 비율(고용률)이 55.2퍼센트를 차지하여 기혼 여성들의 노동시장 참여가 점점 늘고 있는 것으로 나타났다. 특이한 점은 30대 여성보다 40~50대 기혼 여성들의 고용률이 높게 나타났다는 사실이다. 이는 30대 여성들이 여전히 출산과 육아 때문에 경력 단절을 겪고 있다는 사실의 방증이다. 고용률에서 젠더 격차는 30대의 경우 남성이 90.6퍼센트, 여성이 60.3퍼센트로 30퍼센트까지 차이를 보인다.[23] 또한 여성의 고용률은 자녀의 연령과 비례하는데, 특히 6세 이하 자녀를 가진 기혼 여성의 경우 고용률은 44.9퍼센트로 급격하게 낮아진다.

결국 육아의 부담이 20~30대 여성들에게 맡겨져 있으며, 특히 초기 육아의 경우 전적으로 여성의 책임으로 전가됨으로써 궁극적으로 취업의 장애 요인으로 작용하는 것을 알 수 있다. 여성이 직장과 가정을 양립시킬 수 있도록 지원하기 위해 정부가 만든 제도에서도 정작 당사자인 여성에게 돌아가는 육아 부담의 해소와 경제적 자립 기회 보장 등의 혜택은 별로 보이지 않는다.

여성들이 노동시장에 대거 참여하면서 2인 소득자 가족 모델이 확대되고 있는데도 가사와 육아라는 여성의 가족 내 성 역할은 아직도 남성 1인 생계 부양자 모델에 비해 별로 달라진 것이 없다. 가족 안에서 성 평등은 아직도 아득한 일이고, 가사 노동과 육아의 책임이 여전히 여성에게만 전가되는 '독박 육아'의 현실은 달라지지 않고 오히려 강화되고 있을 뿐이다. 심지어 성인 중심의 공간이 만들어내는 양육에 대한 비하, 즉 '맘충', '노키즈존' 등 양육 적대적인 문화도 팽배하다. 여성들은 이러한 현실을 자신이 결혼과 출산을 선택한 이후에 직면하게 될 부담이자 위험으로 간주한다. '82년생 김지영'이 출산과 양육으로 겪는 우울 증상에 다수의 여성들이 공감하는 것도 같은 맥락이 아닐까?

더구나 무한 경쟁의 시대에 경제적 독립과 자아실현의 꿈도 요원할 만큼 삶이 팍팍하다고 생각하는 젊은 여성들의 경우, 이러한 결혼과 출산에 달라붙은 위험으로 인해 결혼을 주저하거나 포기하게 된다. 저출산은 바로 여성들로 하여금 아이를 낳고 싶은 마음이 들지 않게 만드는, 또 기꺼이 아이를 낳을 만한 사회적·문화적 여건이 안 보이는 사회에서 여성들이 갖게 되는 심리적·경제적·관계적 불안에 다름 아니다.

저출산 '문제'라는 프레임이 놓치는 것

저출산 현상은 가족 구조와 노동시장 등 젠더 관계와 사회 체계가 복합적으로 연결되어 나타나는 것으로 세계화, 탈공업화, 고용과 결혼의 불안정성, 개인주의화, 성 평등 요구 등의 사회 변화와 맞물려서 등장하는 일종의 인구 격변을 의미한다. 따라서 저출산 문제는 여성, 가족, 노동시장, 양육 등 그 사회의 여러 요소와 맞물려서 해결할 수밖에 없다.

그런데 인구정책의 관점에서 저출산은 심각한 인구문제인 동시에 사회문제로서 한국 사회의 근본적인 위기를 알려주는 상징적 현상으로, 나아가 국가 발전과 국가 경쟁력 강화를 위해 반드시 극복되어야 하는 위기로 이해되었다. 저출산 대책 역시 저출산이 가져올 경제적·사회적 충격을 완화하고, 저출산의 속도를 조절하기 위한 맥락에서 마련되어 왔다. 구체적으로 결혼과 출산, 양육의 부담을 경감하는 지원이 이루어졌다. 결혼과 출산을 연계하는 구도 속에서 비혼이나 만혼 현상을 '문제'로 인식하고, 이를 해결하기 위한 일자리, 주거 정책 그리고 양육 부담을 완화시키기 위한 보육 인프라 구축이 중요 정책 의제가 되었다.

다만 여기서 문제는 정책 안에서 개인의 욕구와 생활 방식의 변화가 보이지 않는다는 것, 특히 남성에 비해 결혼과 출산에 더 부정적인 여성의 변화된 처지와 인식은 간과되고 있다는 것이다. 비혼이나 만혼 여성들은 결혼이 자신들의 삶에서 그다지 이점이 없다고 말한다. 그 이유야 개인마다 다르겠지만, 공통적으로 많이 언급되는 내용은 있다. 결혼하면 삶의 기반인 직장 생활을 더 지속하기 어려울 것이며, 아이를 낳고 키우기는 더더욱 힘들 것이라는 이야기다. 결국 결혼이 여성 친화적이지 않다는 것이다. 여기서 중요한 것은 저출산을 바라보는 관점이다. 저출산 해소와 관련하여 젠더 관계, 계층, 세대, 지역과 결부된 다층적인 원인 분석과 해석이 요구되는 상황인데도 국민연금 고갈, 국가 경쟁력 약화, 인구 감소로 인한 재정 악화 등을 해결하고자 하는 도구적 측면의 접근만 지나치게 강조되고 있다.

특히 여성에 대한 정책적 지원이 여성 자신의 권익과 행복을 위해서라기보다는 가족 유지와 출산율 제고를 위한 수단으로 읽히는 국면에서 출산의 주체인 여성은 저출산 정책의 방향에 매우 민감할 수밖에 없다. 더구나 기존 프레임 안에서는 저출산에 대한 사회적 책임이 희석되고 개인의 책임으로 환원된다. 즉, 출산하지 않는 여성은 이기적인 여성이 되기도 하고, 애국심이 없는 여성이 되기도 하며, 급기야는 혐오의 대상이 되기도 한다. '출산율'과 '출생률'에 대한 개념 논쟁도 같은 맥락에 있다. 여성계는 지출산 개념이 여성들이 아이를 적게 낳는 바람에 인구가 감소했다는 의미를 내포하고 있어 여성에게 책임을 전가하므로, '출산율'은 신생아 수를 의미하는 '출생률'로 대체되어야 한다고 주장했다. 개념적 차이는 차치하고라도 여성들이 이렇게까지 민감할 수밖에 없을 정도가 되었다는 것, 그 지점에 주목할 필요가 있다.

'출산지도' 파동도 이와 무관하지 않다. 행정자치부가 지자체 출산율 제고 방안으로 마련한 '출산지도'는 가임기 여성 인구가 전국 어느 지역에 얼마나 분포하고 있는지를 표시하여 지자체의 자율 경쟁을 유도하고자 했다. 하지만 의도와는 달리 여성에 대한 도구적 정책 접근이 도마에 올랐다. "여성이 애 낳는 도구냐", "자궁은 내 거다", "저출산이 여성의 출산 파업 때문이냐?"라는 여성들의 비난과 저항이 빗발치면서 출산지도(출산 앱) 홈페이지는 문을 연 지 반나절 만에 폐쇄되었다.

이러한 일련의 갈등은 여성들이 저출산 대책에 불편을 느끼는 실태를 보여주는 한 단면이다. 여성들은 정말 아이를 낳고 싶어 하지 않는가? 15~49세까지의 기혼 여성들이 이상적으로 생각하는 자녀 수는 2.25명이다. 그리고 자신들이 기대하는 자녀 수도 1.94명에 달한다.[24] 이것은 전통적인 가치관이 바뀌었어도 자녀에 대한 여성들의 기대는 여전히 견고하게 유지되고 있음을 말해준다. 하지만 개인적 선호와 출산 결정은 다른 문제다.

여성들의 임신과 출산 결정은 자신들이 가지고 있는 출산에 대한 생각, 자식에 대한 인식, 자신을 둘러싼 사회문화적 조건이 결합되어 이루어지는 복합적 산물이다. 여성이 아이를 낳겠다는 결정도, 낳지 않겠다는 결정도, 아이 수를 조절하겠다는 결정도 모두 이처럼 복잡한 맥락 속에 위치한다. 또한 이것은 여성 자신의 정체성이나 생애 설계를 비롯해 결혼과 출산, 모성 등이 여성의 삶에서 차지하는 의미와 관련된다. 여성의 결혼은 그들 자신의 지위, 국적, 나이나 상대방과의 관계, 사회 규범에 따라 정상적인 것으로 위치되기도 하고 비정상적인 범주로 간주되기도 한다.

이렇게 출산은 여성들에게 단순한 생물학적인 사건이 아니다. 출산은 여성의 몸에서 자연스럽게 일어나는 일이 아니라 누구와의 관계에서 임신하고 언제 출산할 것인지에 대한 개인적인 결정, 여성의 성과 모성에 대한 사회적 규범, 세대의 이동에 따른 책임과 의무와 권리, 가족과 친족의 관계, 국가와 종교의 이데올로기 등이 복잡하게 경합된 결과다.[25]

여성들이 자신의 인생에서 결혼과 출산, 양육이 순차적으로 연결되었다고 생각하지 않는 상황에서 출산 결정을 둘러싸고 일어나는 의미 사이의 경합은 더욱 치열할 수밖에 없다. 여기에 자신의 사회적 경력이나 양육을 둘러싼 사회적 조건 등까지 고려하면 출산은 더욱더 복잡한 선택이 된다. 김은실은 한국의 저출산 지배 담론 속에는 여성이 아이를 낳고 키우는 과정에서 겪어야 하는 불안과 무력감, 가족이나 사회문화적 규범과 관련된 재생산에 대한 여성들의 생각 등이 없다는 점을 강조했다.[26]

더구나 젊은 세대라면 출산은 더 큰 부담이다. 무한 경쟁의 시대를 살면서 매번 수십 장의 이력서를 던지고, '알바'가 생활 수단이 되며, '공시족'이 직업이 되는 이들에게는 결혼을 기피하고 포기하는 것이 오히려 '합리적인' 선택으로 보인다. 젊은 여성이라면 더 말할 것도 없다. 인정된 미래가 보이지 않는 직업의 불안정성, 여전한 가족 내 전통적인 성 역할 분업, 아버지의 책임이 도무지 느껴지지 않는 양육의 현실, 엄마의 시간 속에 묶여 있는 아이들. 이 모든 것이 위험으로 느껴지는 상황에서 결혼을 미루고 출산을 꺼리는 것은 합리적인 전략이다.

결론적으로 국가 위기의 맥락에서 저출산을 '문제'로만 간주하는 프레임에 대한 수정이 필요하다. 문제를 예방하고 완화함으로써 기존 질서와 체계를 유지하려는 이런 '문제'의 프레임 안에서 저출산은 답이 없다. 따라서 아이돌봄 지원 역시 아이에 대한 가치, 돌봄의 사회화, 젠더 관계의 변화라는 측면보다는 여성의 노동력 확보, 출산력 제고를 위한 여성의 부담 덜어주기 차원에 머물러 있는 것이다.

현재 활발하게 전개되고 있는 양성평등적 일·가정 양립 정책의 강조는 남성 생계 부양자 모델에 문제를 제기하는 것으로 진일보하고 있지만, 여전히 성별 권력관계의 변화로 연결되지 못하고 있다. 이혼이든 미혼이든 결혼 관계 밖에 있는 여성들의 양육 부담은 더욱 심각하다. 예를 들면 혼자 18세 이하 자녀를 양육하는 미혼모가 2만 4,000명에 달하는데[27] 양육비 부담으로 인해 이들 중 많은 수가 중도에 양육을 포기한다. 이때 양육의 공동 책임자인 남성은 양육비 지급 의무와 양육에 대한 책임에서 배제되어 있다. 실제로 미혼모가 비양육부모에게서 양육비를 받은 실적은 공식적으로 없는 상태다.

"형편이 어렵다는 이유만으로 아이 엄마인 내가 혼자서 아이를 이렇게 힘들게 키워야 하는 현실이 못마땅해요. 그래서 아이를 키우면서 희망보다는 자괴감을 갖게 돼요."라는 양육 미혼모의 호소는 양육에 대한 경제적 어려움[28]에 그치지 않는다. "우리가 왜 미혼모를 지원해야 하나?", "자기 아이를 키우는데 왜 지원해달라고 하나?", "왜 미혼모까지 국가적 차원에서 보호해줘야 하나?"라는 항의도 받아야 한다. 이렇게 편협한 시선은 양육과 일터, 가족 관계 등 미혼모의 삶에 포괄적으로 영향을 미침으로써 결국 미혼모로 하여금 양육을 포기하게 만드는 계기가 된다. 즉, 미혼모가 자신이 낳은 아이를 키우지 못하고 입양을 선택할 수밖에 없는 상황에 처하거나 불가피하게 아이를 유기하게 되는 경우로 이어진다.

양육의 공적 가치

그렇다면 양육은 어떻게 달라져야 하는가? 페미니스트 경제학자 낸시 폴브레(Nancy Folbre)는 아이가 세상에 태어나면 그들의 계발된 능력과 자질로 우리 모두가 이득을 본다는 의미에서 아이를 '공공재'로 개념화한다. 아이에게 들이는 돈이나 시간, 사랑 등은 부모만이 아니라 아이 자신, 사회, 국가 모두에게 이득을 준다는 것이다. 즉, 폴브레는 타인에 대한 돌봄이 어렵고 비용이 많이 들지만 사회가 그 비용을 제대로 평가하고 분배해야 한다고 강조한다.[29]

'공공재'로서의 아이라는 관점은 양육을 공적 영역으로 위치시킨다. 이러한 관점의 전환은 그동안 개인과 가족으로 전가된 양육에 대한 책임을 국가로 이동시킨다. 즉, 양육이 아이들을 안심하고 키울 수 있는 아이 중심의 양육 시스템 구축과 아이를 키우기 위한 최적의 조건에 대한 국가의 개입 의무와 책임을 요구할 수 있는 공적 권리로서 위치한다.

이러한 관점은 양육을 경제적 해법으로 환원시키는 것이 아니라 모성 경험에 대한 적극적인 의미 부여로 볼 수 있다. 모성 경험을 공적 영역에서 논의될 수 있는 권리의 언어로 위치시키는 작업이기도 하기 때문이다.[30] 더구나 여성의 삶에서 경제활동이 불가피해졌고, 여성의 노동시장 참여가 가사, 육아 노동을 전제로 한다는 점에서 노동시장 지속 여부 또한 돌봄 노동의 사회화와 결정적으로 결부되어 있다.[31]

유럽에서도 1980년대 급격한 출산율 하락이 개인의 출산 결정을 어렵게 하는 요인 때문이라는 점을 간파하고 이를 공공의 관점에서 해결하고자 노력했다. 그들은 양성평등에 기반을 둔 휴가 제도, 공보육 제도의 정비, 육아의 사회화 등의 출산과 양육 제도를 정비하면서 출산율 반등을 가져왔다.[32]

물론 국가가 양육에 개입하는 것이 궁극적인 해결책이 될 수는 없다. 국가의 개입이 곧 여성들의 일차적 책임을 공유하거나 대체하는 것인 한 양육 주체의 또 다른 쪽인 남성들을 소환하지는 못하기 때문이다. 정희진의 주장대로 육아가 언제나 여성·국가·사회의 일이 되고 있는 현실에서 국가보다는 남성의 인식과 태도가 훨씬 중요하다.[33] 일·가정 양립 정책의 주요 테마인 '아빠 육아'는 남성은 경제활동, 여성은 육아라는 전통적인 성별 분업에서 진일보하고 있으나 여전히 남성은 육아 책임자가 아니라 협조자로서 육아를 돕는 역할에 머물고 있어 가족 내 성별 권력관계의 변화로 이어지기에는 많은 한계를 안고 있다.

출산 정책의 비전은 지속발전 사회가 이루어질 가능성을 높이는 것이지만, 그것은 출산율 제고를 통한 아이의 수 늘리기만으로 달성되지 않는다. 그것은 양육을 공적인 가치로 인정하고, 양육이 여성만 부담해야 하는 일이 아니라 남성 역시 공동 양육자로서 책임을 지는 사회 시스템이 구축될 때 비로소 확보될 수 있다.

무엇보다 21세기 신자유주의 시대를 살아가는 여성들, 더는 양육 전담자로서 자신을 정체화할 수 없는, 전통적 가족 규범의 모순을 간파한 채 비혼을 선택하는 이들을 둘러싼 가족·직장·연애·성·결혼·출산·규범 등의 변화가 만들어내는 복잡한 맥락에 대한 이해가 있어야 한다. 그리고 이러한 변화 속에서 여성들이 갖는 불안과 위험 요인들을 풀어내기 위해 젠더와 개인의 권리를 중시하는 새로운 아젠다와 정책이 만들어져야 한다. 이런 맥락에서 저출산은 '문제'가 아니라 변화에 대한 요구이자 도전이다.

8장

다문화 시대
이주 여성의 이름과 젠더

이해응

한국적 맥락에서
"며느리를 불렀더니 여성이 왔다."라는 말이 필요하다.
결혼 이민자의 80퍼센트 이상이 여성으로,
이들은 누구의 아내와 며느리 역할을 담당하리라는
기대를 받으면서 한국에 왔지만,
그들 역시 역사와 문화를 바탕으로 주체성을 갖춘
'여성'이라는 인식의 전환이 필요하다.

○

해외에 나가면 애국자가 된다는 말은 '낯선 곳'에서 나는 '한국인'이 되기 때문에 생긴 말일 것이다. 머물던 곳을 떠나 새로운 곳에 이르면 내가 누구인지 새삼 깨닫게 되며, 더 정확하게는 내가 누구였는지 분명하게 볼 수 있다.

"육지에서 왔어요?" 제주도에 와서 처음으로 받은 이 질문으로 인해 내가 '육지인'이었음을 알게 되었다. 도(島)민의 입장에서 보면 나는 당연히 육지인인데, 새삼스럽게 느껴지는 이유는 무엇일까? 그들에게 제주도를 행정단위인 제주도(道)로 인식하기보다는 아름다운 섬으로서의 제주도(島)로 인식하고 있다. 그러므로 나는 '육지인'인 것이다.

홍콩 사람과 타이완 사람은 중국인을 대륙인(大陸人)이라고 부른다. 홍콩이나 타이완 지역의 입장에서 중국 본토인은 육지인이다. 화교 학생이 많이 다니는 서울 한성화교학교는 몇 년 전부터 중국 본토에서 들어오는 청소년들이 많아지자 따로 '대륙반(大陸班)'을 만들었다. 한 번도 자신을 '대륙인', 즉 '육지인'으로 생각하지 못했던 중국 본토 청소년과 가족 들은 한국이라는 새로운 공간에 와서야 타이완과의 관계 속에서 육지인이 되는 정체성을 경험한다. 문화인류학에서 '낯선 곳에서 나를 보는' 관점, 즉 나 자신과 나를 둘러싼 상황에 대해 성찰해야 한다는 관점을 강조하는 것은 이런 맥락 때문이다.

'육지인'과 '대륙인'의 인식 체계

그동안 여성주의는 기존의 지식이 '상황적 맥락'을 없앤 '편파적' 지식이라는 관점에서 객관성 문제를 제기해왔다. 여성주의 철학자 샌드라 하딩(Sandra G. Harding)은 '강한 객관성'을 중심과 주변의 위치성을 통해 논증한다.[1] 중심 위치에 있을 때에는 주변 위치에 있는 상황을 객관적으로 보기 어렵다. 그러나 주변적 위치에 있을 때에는 주변과 중심을 바라볼 수 있기에 비로소 더 '객관적'인 시각을 유지할 수 있고 덜 편파적인 지식을 생산할 수 있다. 여성들은 남성 중심의 역사 속에서 늘 주변적인 위치에 존재해왔기 때문에 더 객관적인 관점을 가질 수 있다는 것이다. 서울을 떠나 제주도에 왔더니 서울 중심성이 더 분명하게 보이는 것과 같은 맥락이다.

'대륙인', '육지인'은 그 단어 자체에 차별적인 의미가 담겨 있다기보다 역사나 문화의 맥락에 따라 교차되는 우리의 인식 체계를 보여주며, 이 인식 체계는 때로는 유연하게 때로는 강경하게 작동한다. 이런 국제적 이동과 만남 속에서 우리는 의도하든 의도하지 않든 복합적인 갈래가 교차하는 맥락에 놓이게 되면서 다른 정체성, 지역적 문화가치, 성별 문화가치에 직면하게 된다.

버나드 T. 오드니(Bernard T. Adeney)는 《낯선 덕: 다문화 시대의 윤리》

라는 책에서 교차문화 속에서 윤리적 딜레마에 빠진 기독교인들의 이야기를 통해 다문화 시대의 윤리를 탐색한다.[2] 그는 책의 서두에서 이런 사례를 든다. 미국의 선교사가 아이티의 열악한 의료 환경을 개선하기 위해 의약품을 보냈는데 아이티 해관에 묶이게 되었다. 아이티 교회 측에서는 해관 공무원에게 '뇌물을 먹여야' 풀릴 것이라며 '뇌물'을 요청해왔고, 미국 선교사는 윤리적 딜레마에 직면하게 된다. 미국 사회에서 '뇌물'은 부정부패의 상징으로 이는 기독교 윤리에도 위반되지만, 아이티에서는 '뇌물'이 소통 수단의 한 축으로 작동되고 있다. 미국과 아이티 사회 가치의 교차 속에서 어떻게 해야 하는지 윤리적 문제가 제기된 것이다.

자본과 물품뿐만 아니라 사람이 이동하게 되면서 이런 교차문화적 상황은 더욱 직접적이고 복합적으로 발생하고 변화한다. 오드니는 다른 문화권에 진입할 때 그 문화권에 대한 지식이 있어야 하고, 그 문화권의 지식을 경청할 지혜가 있어야 하며, 그것을 바탕으로 우정의 관계를 구축해야 한다고 말한다. 그가 강조하는 교차문화 윤리의 두 가지 핵심은 바로 문화상대주의와 성별 감수성이다. 그가 아시아, 아프리카, 유럽, 미국 등 다양한 지역에 머물면서 발견한 것은 우리 지식의 보편적 진리가 있을 수 없고, 신앙조차 문화의 맥락 속에 구성된 상대적 진리이며, 거의 모든 사회에 성별 고정관념이 만연하다는 현실이었다.

그러나 오드니 본인도 밝혔듯, 그가 다른 지역에 진입하는 서구 남성 백인이라는 소위 '우월한' 위치에서 교차문화적 윤리를 고민했다면, '낮은' 위치의 이주자 입장 또는 원지역 주민 및 원지역사회의 입장에서도 교차문화적 윤리의 문제가 제기되기도 한다. 원지역사회의 입장에서는 새로 진입한 그 사람을 어떻게 불러야 하는지, 어떻게 관계를 맺어야 하는지 윤리적 문제를 고민하게 된다. 물론 그 필요성이 이주한 당사자만큼 절박하거나 필요하지 않더라도 말이다.

기존의 다문화(multi-culture) 개념이 다양한 문화의 공존이라는 추상적 의미가 강했다면 교차문화 윤리(cross-cultural morality) 개념은 다양한 문화가 공존하기 위해 교차문화의 맥락 속에서 작동되는 권력의 위계 관계를 어떻게 볼 수 있으며, 어떠한 윤리가 필요한지 성찰할 수 있는 개념으로 사용할 수 있다. 이 글에서는 그 영역을 이름, 지역, 젠더 세 가지로 나누어 살펴보도록 하자.

이주민은 어떻게 불리길 원하는가

살던 지역을 떠나 다른 곳으로 갔을 때 가장 먼저 받는 질문은 "어디에서 왔어요?"이다. 이 질문을 받으면서 비로소 '나'의 위치를 알게 된다. 경계를 넘어설 때만 '나'를 더 잘 알 기회가 주어지기 때문에 우리는 타인의 존재를 필요로 한다. '내'가 어떤 이름으로 불리는지 알게 되고, 나는 어떻게 불리기를 원하는지 발견하게 된다. '낯선 만남'은 서로의 변화를 요청한다.

법률사무소에서 일하는 어느 베트남 여성 결혼 이민자는 한국으로 귀화하면서 이름을 한국식으로 바꾸었는데, 자신의 아이가 학교에서 차별받을까 봐 그랬다고 한다. 서류에 적힌 베트남 이름을 보면 자신의 출신지가 드러나 아이가 차별받을까 봐 걱정되었던 것이다. 우리는 흔

히 '이름 석 자'라는 관용구를 쓸 만큼 세 글자 이름에 익숙하지만 1990
년대부터 한국 사회에 이주민이 늘어나면서 이름이 석 자 이상인 사람
들을 많이 만나게 되었고, 열 자 이상인 문화권 사람들도 마주하게 되
었다. 그들의 이름을 어떻게 부르고 쓸 것인가? 러시아나 몽골, 베트남
출신 사람들의 이름이 '이름 석 자'에 익숙한 사람들에게는 당혹스러울
만큼 긴 데는 그럴 만한 이유가 있다. 아버지의 성, 어머니의 성, 할머
니의 중간 이름 등 가족의 이름을 본인의 이름에 넣을 뿐만 아니라 표
음문자여서 글자 수가 많아지는 것이다.

한국의 '이름 석 자' 문화는 행정 시스템에도 그대로 반영이 되는데,
성을 빼고 최대 다섯 글자만 기입할 수 있도록 되어 있어 여섯 글자 이
상을 적기 어렵다. 금융 계좌 이체 때도 외국인 주민의 영문 이름은 여
섯 번째 문자까지만 표시되어 상대방 확인이 어렵다. 이주민들은 한국
사회에 적응하기 위해 '한국식' 이름으로 바꾼다. 실제 이름의 일부만
사용해서 세 글자 또는 네 글자로 통용하는 것이다. 서울시의 1기 외국
인 명예 부시장은 몽골 출신인데, 그녀의 이름 '온드라흐'는 늘 마지막
'흐' 자가 빠진 채 '온드라'로 불리기 십상이다. '온드라흐'도 전체 이름
이 아니고 최대한 줄여서 네 글자로 만든 것이다.

한국 사회도 열 자 이상이거나 한글로 표기하기 어려운 외국 이름을
마주하는 상황이 늘어나면서 새로운 고민에 직면하게 되었다. 행정기
관마다 나름의 기준을 만들지만 상충하기 십상이다. 신분증에는 이름
이 영문으로 표기되지만 부동산을 소유할 때는 반드시 한글 이름을 기
재해야 하고, 은행 계좌는 영문 이름으로, 건강보험에는 때로는 한글
이름이, 때로는 영문 이름이 표기된다. 가족관계증명서에는 한글 이름

으로 기재된다. 따라서 외국 국적을 가진 사람과의 관계를 증명하려면 여권과 외국인등록증, 가족관계증명서가 모두 필요하다. 인터넷에서는 아이디를 자유롭게 사용할 수 있으나 영문 표기 이름의 실명 인증서는 자주 오류가 일어나고, 실명 인증에 필요한 신용카드는 프리랜서에게는 잘 발급되지 않는다.

이주 연구에서 가장 유명한 언설이 "노동자를 불렀더니 인간이 왔다."라는 말이다. 노동 인력이 필요해서 유입시켰지만, 그들은 노동력만 제공하는 것이 아니라 똑같은 삶을 살아가는 인간이라는 인식의 전환이 필요하다는 얘기다. '노동자'이지만 '인간'으로 불러다오. 그렇다면 한국적 맥락에서 "며느리를 불렀더니 여성이 왔다."라는 말이 필요하다. 결혼 이민자의 80퍼센트 이상이 여성으로, 이들은 누구의 아내와 며느리 역할을 담당하리라는 기대를 받으면서 한국에 왔지만, 그들 역시 역사와 문화를 바탕으로 주체성을 갖춘 '여성'이라는 인식의 전환이 필요하다. 그들을 '여성'으로 불러줄 때 우리는 외국인과 내국인의 이분법적인 경계를 넘어서서 여성으로서 서로의 접점을 갖게 되고 성찰하게 된다.

오늘날 한국 여성들이 그동안 지나치게 강요받았던 누구의 며느리, 누구의 아내, 누구의 엄마 역할을 거부하기 시작하고 아버지 성과 어머니 성을 함께 사용하거나 성 없이 이름만 사용하는 등 자신의 주체성을 강조하기 시작했다면, 다문화 가족의 여성들은 베트남 엄마, 필리핀 엄마, 중국 엄마로 불리기를 거부하면서 석 자 이상인 본인의 이름을 이해하고 존중해주고, 평소에는 줄인 이름을 부를지라도 한 번쯤은 전체 이름을 물어주길 원한다. 한국계 중국인(조선족 동포)은 중국어 발음과 한국어 발음으로 이름을 불러주기를 바란다. 고국인 한민족의 이름과 중국인으로서의 이름 모두를 존중받고 싶어 한다. 출신 국적이 수식어가 아닌, 여러 의미가 담겨 있는 고유의 내 '이름'을 재현하려는 것이다. 그렇다면 어떤 방식의 표기가 가능할 것인가?

서울출입국관리사무소에서 안내 자원봉사를 할 때면 언제나 중국 출신 이주민이 가장 많고, 그중 한국계 중국인 출신이 가장 많으며, 60대 이상인 분들도 많다. 외국인등록증이나 외국국적동포 국내거소신고증을 신청하든, 체류 연장을 신청하든, 체류 자격 변경을 신청하든 모두 통합 신청서를 작성해야 하는데, 거기에는 여권의 영문 이름을 적어야 하는 칸이 있다. 그래서 "내 이름을 영문으로 좀 적어줄 수 있나요?"라는 요청이 들어올 때가 종종 있다. 본인의 이름을 적어달라니. '아이구, 자기 이름도 모르면서 외국에 오나?'라고 생각할 법하지만, 조선족 동포 어르신들이 이런 도움을 요청할 때에는 여러 가지 복잡한 심경에서다. 그들은 한편으로는 자신의 '무식함'에 부끄러워하고, 다른 한편으로는 중국에서 평생 자신의 이름을 중국어와 한글로 표기하면서 살아왔는데 한국(모국)에 와서 왜 한글 이름이 사라졌는지에 대해 억울함을 느낀다.

지난 2016년 7월 제1차 서울외국인주민대표자회에서는 주민대표들이 "외국인등록증에 영문과 한글을 동시 표기하자."는 건의를 했다.[3] 그때 논의하면서 러시아에서도 외국인등록증에 영어와 러시아어를 병기하고 있음을 확인했다. 나는 2014년 7월 서울시 외국인 명예 부시장으로 위촉되어 서울시외국인주민대표자회 추진위원회, 출범 후 기획위원회 및 분과위원회에 적극 참여하면서, 관련 제안에 대해 여러 차례 논의한 적이 있다.

원안은 외국인등록 시스템과 한국의 주민등록 시스템의 일원화였다. 구분은 필요하지만 지역 주민으로서 일원화된 시스템으로 편입될 때 국민건강보험, 은행 업무, 운전면허증, 인터넷 인증서, 주민세 등 일상 생활에서의 사회 통합을 체감할 수 있고, 국가로서도 불필요한 자원 낭비와 제도로 인한 차별을 줄일 수 있기 때문이다. 외국인의 이름에 한국어 표기가 있으면 한국인이 부르기에도 수월하고, 외국인에게도 한국이라는 나라에 왔다는 지역성이 각인되며 삶의 의미가 더 부여된다.

내국인과 외국인의 이분법적인 틀 안에서, 모든 외국인의 이름을 한국어가 아닌 영문으로 표기하도록 한 것은 외부인의 타자성을 극도로 강조해버렸으며, 해외 동포들에게는 같은 민족으로서의 공감대를 삭제해버렸다. 교차문화 윤리는 이런 매우 구체적인 감수성을 필요로 한다. 외부인의 타자성을 강조하는 제도와 문화는 '내국인 주민'으로 하여금 '외국인 주민'에 대해 자연스레 배타성을 갖도록 지지하며, 똑같이 외국인 주민으로 하여금 지역 주민으로서의 의무감을 갖지 못하도록 장벽 역할을 함으로써 결과적으로 서로 쉽게 다가서지 못하게 한다. 타자성은 서로를 소외시킨다.

최근에 새롭게 감지되는 분위기는 본국의 이름을 발음 그대로 표기하면서 본인의 출신 국적을 굳이 숨기지 않으려는 경향이 강해지고 있다는 점이다. 외국인주민대표자회의 출범 등 외국인 주민의 특수성을 드러내야 하는 분야가 많아지면서 자신의 '이주민 특성'을 드러내고자 하는 흐름이다. 한국 사회 또한 다문화 감수성, 인권 감수성, 젠더 감수성이 서서히 향상되면서 행정 시스템 역시 그러한 흐름에 귀 기울이고

더 나은 논쟁을 할 권리

있다. 법무부에서는 이름 표기에 대해 개선 방안을 연구·추진 중이라고 했고, 주민센터에서도 외국인 주민들의 민원 관련 업무를 대행하는 등 대응하고 있다. 이러한 변화를 이끌어내는 주체는 한국 지역사회의 풀뿌리 단체들이고 시민들이고 주민들이다.

이주민의 지역성과 주민 정체성

서울을 포함한 육지에서는 '다문화 가족', '외국인 주민', '중국 동포', '북한 이탈 주민', '중도 입국 청소년' 등 외국 출신 이주민에 대해 '이주민'이라는 포괄적인 용어를 많이 사용한다. 그래서 육지에서는 주민으로서의 주체성과 지역 소속을 강조하여 '선주민'과 '이주민'의 지역사회 통합을 이루고자 하는 움직임이 강하다. 최근에는 이주민을 기존 시혜의 대상에서 호혜적 개발 주체로 보는 큰 인식의 전환을 도모하고 있다.

육지에서 '이주민'은 국제 이주민을 가리키는 말이다. 그런데 제주도에서 '이주민'은 국내 이주민을 가리킨다. 외국인 주민은 '다문화 가족'으로 국한되어 다루어지고 있다. 제주도에서 국내 이주민 관련 업무는 지역공동체발전과에 소속된 업무이고, 다문화 가족 관련 업무는 보건복지여성국 내 여성가족과에 소속된 업무다. 제주도라는 지역적 맥락에서 '국제적'·'국내적' 이동은 다른 관점에서 접근되고 있고, 각기 다른 중요한 상황적 맥락이 있는 것이다.

제주도 인구 추이를 보면 2010년부터 국내 이주민 수가 급증하기 시작해서 2017년 현재까지 전체 인구 65만 명 가운데 20여만 명이나 되어 30퍼센트 이상을 차지한다. 국제 이주민은 2만 명 정도에 이르고, 그중 북한 이주민은 300여 명이다. 제주도 도민 구성 자체가 매우 큰 구조적 특징을 가지고 있어서 제주도에서 어떤 정책을 세우려면 매우 다각적인 지식과 지혜와 윤리가 필요하다. 제주 지역의 정책 연구에는 이런 인구 특징을 반영하는 원제주도민, 국내 이주민, 국제 이주민이라는 항목 구분이 필요하다.

한국에서 서울 이외의 지역이 뭉뚱그려 '지방'으로 불리는 것은 매우 놀라운 일이다. 그 지역의 고유한 이름 대신에 '지방'이라고 부르며 그곳의 대학을 '지잡대'라고 비하하는 신조어는 한국 사회의 '서울 중심/지역 주변'이라는 구도를 극명하게 보여주고 있다. 그러나 한국 사회에서 제주도에 갈 때는 '지방'에 간다는 말을 하지 않는다! 그 이유는 뭘까? 1970~1980년대만 해도 제주도는 '촌구석'이었다고 많은 육지인이 말한다. 그러나 그들은 지금의 제주도를 '관광의 도시'와 '힐링의 도시'라고 한다. 그런 육지인을 '육지 것들'이라고 부르는 제주도민들의 말은 의미심장하다. 2006년 2월 21일에 제정된 '제주특별자치도 설치 및 국제자유도시 조성을 위한 특별법'은 제주도의 특수한 위치성이 법 제도화되는 과정이고, 새로운 도약을 준비하는 노력이다.

외국인은 지난날 제주도의 '촌구석'을 잘 모른다. 제주도는 그들에게 국제자유도시로서 한국에서 유일하게 무비자 입국이 가능한 지역으로, 자유롭게 방문할 수 있는 '한국의 국제도시, 아름다운 섬 도시'로 인식되며, 해외 유학생들에게는 유학 지역으로 선망되고 있다. 그러나 다른 한편으로 제주도 내에서는 외부 자본 투자와 난개발로 인한 생태 파괴 문제가 제기되고 있다.

제주도에 살게 되면서 제주도의 '텃세 문화'와 '괸당 문화'에 대해 알게 되었고, 제주도 사람들은 친절하지 않다는 말과 경험에 대해 들었다. '정말' 그런 것 같다. 그러나 곰곰이 생각해보면 '친절'의 기준은 육지인의 기준이다. 문득 한 이야기가 떠오른다. 어떤 청년 자원봉사자가 해외에 봉사하러 갔는데 그렇게 많이 놀아주고 많은 선물까지 주고 돌아올 때 그 아이들이 울지도 아쉬워하지도 않아서 깊은 상처를 받았다는 이야기를 했다. 그 아이들은 오히려 봉사자들이 오면 놀아주느라 피곤했다. 그 아이들은 봉사자들이 매우 일시적이며 결코 자신들과 관계를 지속하지 않는다는 것을 잘 알고 있기 때문이다. 우리는 관계의 지속성을 기대하기 어려울 때 '친절'할 수가 없다. 게다가 육지인이 바라는 '친절'에는 특히 서비스직에 종사하는 여성의 감정노동이 요구된다는 것을 깨닫고 있는가.

국내 이주민이든 국제 이주민이든 제주도에서 터를 잡고 살아가려면 제주 지역의 역사와 문화를 적극적으로 알아야 한다. 우리는 제주에서 여전히 진행 중인 4·3 사건과 강정마을 이야기에 귀를 기울여야 하며, 동시에 제주도민들의 '바다 지식'과 '숲 지식'과 '바람 지식'을 경청하는 등 배움에 게으르지 말아야 한다.

유엔 보고서에 따르면, 2015년 전 세계 해외 이주민이 2억 2,400만 명에 달한다.[4] 국제연합인구국(UN Population Division)의 정의에 따르면, '국제 이주민'은 "자신의 출생국이나 시민권 국가 이외의 나라에서 12개월 이상 체류하는 사람"을 말한다.[5] 12개월 미만 해외 체류자를 고려하면 더 많은 수가 이주민으로 살아간다. 이제 우리는 혼인, 일, 가족 등 여러 가지 이유로 본국을 떠나 다른 나라에 가서 살게 될 가능성이

갈수록 높아지는 글로벌 시대에 살고 있다.

이주는 출발 시점에 보통 몇 개월, 몇 년을 계획하고 떠난다는 점에서 임시성을 가진다. 그러나 결과적으로 세대에 걸쳐 정착 이주민으로 살아가게 되는 경우가 많다. '임시'라는 생각은 이주민 당사자로 하여금 현 거주 지역사회와는 거리를 둔 삶의 방식을 고수하게 하고, 지역사회 원주민들은 그들을 언젠가 돌아갈 사람으로 여기게 한다. 주민으로 받아들이기보다 '외부인'으로 인식할 수밖에 없다. 이러한 '임시성' 인식과 생각은 이주민 당사자가 늘 '경계인'으로 살아갈 수밖에 없는 한계처럼 보인다. 그러나 결국 그들은 정착 이주민이 되면서 그들의 정체성인 '이름'이 재구성될 수밖에 없는 상황에 직면하게 된다.

경계를 넘어서는 사람들이 한국 사회에 많아지면서 한국 사회 역시 신선한 문화 충격과 다양한 가족 형태, 행정의 복잡함에 직면하게 되었고, 이에 대한 고민을 법 제정 및 개정을 통해 해소하기 위해 노력해왔다. 1999년 '재외동포의 출입국과 법적 지위에 관한 법률', 2007년 '재한외국인 처우 기본법', 2008년 '다문화가족지원법'이 제정되는 등 지난 20여 년간 굵직한 법들이 제정되었고, 관련 시행령과 시행규칙이 제정되면서 지원 사업이 체계화되었다. 매우 놀라운 속도로 정책과 제도가 만들어지고 있다.

1년 전까지만 해도 외국인 주민은 전입신고나 신상에 대한 변경 사항 신고를 하려면 주민센터가 아니라 구청이나 출입국사무소에 가야 했다. 지역 주민으로서의 정체성을 갖기 어려운 시스템인 것이다. 주민센터의 입장에서도 외국인 주민과 행정적으로 부딪치지 않기 때문에 그들을 주민으로 볼 필요성이 없어진다. 지금은 외국인 주민도 주민센터에서 전입신고, 외국인등록증 사실증명, 학위증명 발급 등이 모두 가능하다. 최근 몇 년 사이에 일어난 획기적인 변화다.

국적에 상관없이 스스로를 지역사회의 '주민'으로 인식하는 것, 적극적으로 지역사회에 접근하는 것은 정착 이주민 당사자가 가져야 할 자세다. 지역사회 또한 적극적으로 외국인을 '외부인'이 아닌 지역사회 '주민'으로 받아들이는 자세를 가져야 한다. 이를 통해 같은 공간과 장소에 대한 고민과 지혜를 공유함으로써 글로벌 시대 지역사회 통합의 기반을 마련할 수 있을 것이다.

서울특별시 인권 기본 조례 제2조 제2항은 '시민'의 정의를 다음과 같이 규정한다. "'시민'이라 함은 서울특별시(이하 '시'라 한다)에 주소 또는 거소를 둔 사람, 체류하고 있는 사람, 시에 소재하는 사업장에서 근로하는 사람을 말한다." 여기서 "체류하고 있는 사람"에 모든 이주민을 포함하여 등록 체류자, 미등록 체류자 모두를 포괄적으로 가리키는 정의로, 매우 진보적이다. 그렇다면 이주민들은 '서울시민'으로서의 어떤 혜택을 받고 '서울시민'으로서의 어떤 의무를 이행하고 있는가? 물론 한국 국적 서울시민과 같은 혜택을 받는 경우는 65세 이상 영주권자의 대중교통 무임승차권에 한정되어 있지만, 이는 인식 변화의 출발점이라고 생각한다. 오늘날 글로벌 도시라고 일컫는 서울에서 이런 '시민'의 정의를 출발로 주민(住民)의 위치와 소속을 확장시켜간다면 그것이야말로 통합의 지역사회 만들기가 아니겠는가.

이주 여성을 위한 성별 정의

타이완에서는 1990년대 초 중국 본토 출신 결혼 이주 여성을 '대륙 신부(da lu xin niang, 大陸新娘)'라고 불러 사회적으로 큰 화제가 되었던 적이 있다. 반대로 '대륙 신랑'이란 말은 없다. '대륙 신부'라는 말은 중국 본토와 타이완 지역의 젠더화된 국제 이주 방식을 보여준다. 그 단어 자체로는 차별적이지 않지만, 한국 사회에서 '다문화'라는 단어가 '다문화 가족'과 같은 개념으로 인식되고 저소득층 집단을 가리키는 말로 낙인화된 것처럼, '대륙 신부'라는 단어는 타이완보다 못 사는 대륙에서 온 여성이라는 의미가 부착되어 차별 기제로 작동했다. '결혼 이민자'라는 주체적인 단어가 아니라 유입국 남성 중심의 단어인 '신부'로 불린다는 것부터가 차별이다.

100여 년 전 하와이에 이주 노동자로 간 조선 남성들이 고향의 여성을 '우편 신부'로 맞이했던 것처럼, 1990년대부터 지금까지 한국에 온 결혼 이민자의 80퍼센트 이상이 여성인 것처럼,[6] 여성에게 혼인은 주요한 국제 이주 방식이다. 남성처럼 국제 이주 노동자로 국경을 넘을 수 있는 자원이 제도적·문화적으로 결핍되어 있었기 때문이다. 따라서 여성이 혼인을 통해 국제 이주를 하는 과정에서 혼인의 '거래성'은 더욱 부각되고, 가장 치열한 교차문화적 공간이 되기도 한다.

혼인을 통한 국제 이주 방식은 매우 '아시아적'인 면이 있다. 미국이나 유럽의 이주민의 경우 가족의 재결합에 따라 그 수가 증가해왔다면, 특히 한국은 여성들이 혼인을 통한 이민자로 유입되는 비율이 높고, 그 여성을 중심으로 친인척들의 연쇄 이주가 일어난 특징을 보인다.

한국에 온 많은 이주 여성이 한국의 가부장적 가족 문화와 한국 여성의 낮은 경제활동 참가율과 정치인 성비에 매우 놀라워한다. 2017년 한국 여성 경제활동 참가율은 53.1퍼센트[7]이고 중국의 여성 경제활동 참가율은 1990년 73.5퍼센트에서 2016년 63.3퍼센트[8]로 줄어들었다. 놀라운 것은 제주도 여성의 경제 참여율이 65.9퍼센트[9]로 한국에서는 전국 최고일 뿐 아니라 현 시점에서는 중국 여성 경제활동 참가율보다 높다는 것이다. 제주도는 최근 몇 년간 성 평등 상위 지역에 속하는 편이다.[10] 그러나 2017년 세계경제포럼의 〈세계 성 격차 보고서〉에서 밝혀진 것처럼 한국의 성 평등 수준은 118위, 중국은 100위로 아시아에서 남녀 경제 평등은 갈 길이 먼 것으로 보인다.[11]

한국의 여성 국회의원 비율은 1996년 3퍼센트를 시작으로 2016년 17퍼센트까지 꾸준히 증가 추세를 보이고 있고,[12] 이번 문재인 정부는 내각 여성 비율 30퍼센트를 공약으로 내걸었으므로 기대를 걸어볼 만하다. 제주특별자치도 내각 여성 비율도 기대해볼 만하지 않을까? 중국의 전국인민대표(한국의 국회의원)는 한국식으로 말하면 전부 비례대표제로 선출된 사람들이다. 인구 20만 명당 한 명의 인민대표를 배당하는 것이 원칙인데, 2013년 중국 여성 인민대표는 전체 인민대표 2,987명 중 699명으로 23.4퍼센트를 차지했고, 소수민족은 13.69퍼센트를 차지했다.[13] 여성 인민대표 비율이 남녀 동수에는 아직 많이 미치지 못하지만, 소수민족 여성 인민대표 비율은 중국의 전체 소수민족 비율(약 8퍼센트)보다 훨씬 높다. 중국의 55개 소수민족에게 인구수와 상관없이 최소 한 명의 비례대표가 할당되기 때문이다. 중국에서 인구수가 가장 적은 뤄바족(珞巴族)[14]도 한 명의 인민대표가 할당된다. 따라서 교차문화 속에서 성 평등은 단순히 경제적·정치적·법적 지위로만 판단할 수 없는 복합적인 문제이므로 교차 분석이 필요함을 알 수 있다.

앞에서 언급한 오드니는 파키스탄이 여성의 자유와 권한을 극도로 제한하는 가부장적 사회이며, 자신의 경험에 따르면 파키스탄의 거리가 '여성이 보이지 않는 거리'임에 틀림없다고 믿어 의심치 않았다. 미국의 자유를 '만끽'하는 여성들에 비해 매우 불쌍하다고 생각할 정도였다. 그러나 어떤 인도 학자가 미국 여성들이 성매매나 포르노 같은 산업에 무방비로 노출되어 있다며 미국 여성의 인권에 심각한 문제를 제기하자 당황하면서 자신의 서구 중심 사고방식을 깨달았다고 한다.

타지로 이동한 여성은 종종 여성이란 이유로 성별 고정관념의 투사를 받게 된다. 예를 들어, 여성이 히잡을 쓰는 문화권에서 민소매 차림은 여성의 성적 타락과 침범 가능한 대상임을 나타내는 표지로 여겨질 수도 있다. 그래도 오드니는 이주민(국내 이주민이든 국제 이주민이든)은 해당 지역사회의 성별 고정관념을 타파하고 성별 정의를 실현할 수 있는 '특수한 위치'에 있음을 강조한다. '이방인'이 갖고 있는 타자성이 그런 일을 가능하게 한다는 것이다. '이방인'이기에 현지의 성별 역할을 완벽하게 따를 필요가 없고, 위계화된 성 역할을 깨뜨릴 수 있는 위치에 있다는 것이다. 이주민 여성이든 남성이든 상관없이 말이다.

예를 들어, 이주민 남성은 리더를 추천할 기회가 생기면 여성을 추천함으로써 그 지역의 리더는 남성이어야 한다는 성별 고정관념을 조금은 쉽게 깨뜨릴 수 있다. 또한 이주민 여성이라면 여성인 동시에 탈성별화된 '외부인'의 위치를 갖게 되므로 현지의 성별 고정관념에 부합하지 않는 행동을 하더라도 비난받지 않을 수 있다. 여성의 출입이 금지된 구역에 가는 등의 행동을 할 수 있다는 것이다. 이런 일들이 성별 고정관념 문화에 균열을 내는 일상적 운동이 될 수 있다.

이주민이 이런 성별 정의를 실현할 위치를 효과적으로 활용하려면 양측의 사회문화 제도에 대해 성찰하는 교차문화 윤리가 필요하고, 성별 정의 실현에 기여할 양측의 사회문화 자원을 지식화하는 과정이 필요하다. 또한 성별 정의는 성별의 차이와 평등의 문제만 다루는 것이 아니라 성별과 복합적으로 교차하면서 나타나는 차이와 평등의 문제를 다루는 것이므로, 인종(민족)·국적·지역·계급 등 다양한 범주와의 교차에 대해 깊이 고려할 필요가 있다.

윌 킴리카(Will Kymlicka)는 '다문화주의 시민권'은 그 개인을 구성하는 데 필수적이었던 문화가 존중받아야 하는 권리라고 해석한다.[15] 즉, 개인이라면 모두가 사회문화적으로 구성될 수밖에 없기 때문에 이주민이 갖고 있는 다양한 문화도 권리로서 존중되어야 함을 강조한다. 그러나 이런 당위성을 강조할 때 선행되어야 할 것이 구체적인 교차문화 윤리 실천이다.

어떤 한국인 출신 다문화 관련 전문가는 중국 연변조선족자치주(延邊朝鮮族自治州)에서 놀라운 경험을 했다. 분명 이국땅인데 길거리 간판들에는 한글이 맨 앞에, 그 뒤에 중국어가 표기되어 있어서 깊은 감명을 받았다는 것이다. 중국은 소수민족 정책으로 대학 시험 가산점 부과, 변경(邊境) 지역 보조금 지급, 자치 지역 내에서 소수민족 언어 교재 사용, 소수민족 언어 교육, 소수민족 언어와 중국어 동시 표기를 법으로 제정했다. 따라서 중국의 소수민족 자치 지역에 가면 해당 소수민족 언어를 반드시 위(혹은 앞)에 쓰고 중국어가 아래(혹은 뒤)에 표기되어 있음을 볼 수 있다.

2017년 5월 기준으로 한국 사회에는 200만여 명의 이주민이 살고 있는데, 이들의 국적은 220가지로 분류된다. 그중 86.8퍼센트가 중국, 베트남, 필리핀 등 아시아주계 지역 출신들이고,[16] 이들 나라 중에는 다민족 국가로서 소수민족 정책을 펼치고 있는 경우가 많다. 그들의 소수민족 정책은 한국의 다문화 사회 형성과 구축에 큰 시사점을 준다.

중국 길림성 연길시에는 20세기 초 한반도에서 중국으로 이주한 한국계 중국인이 세운 연변대학이 있다. 이 연변대학의 정문 오른쪽에는 한글 '연변대학'이, 왼쪽에는 한자 '延邊大學'이 표기되어 있다. 또한 연길시 거리의 간판들에도 한글을 우선 표기하고, 그다음에 중국어를 표기한 것을 볼 수 있다. 소수민족의 언어를 우선 표기하고 해당 언어문화 전수를 장려하는 제도는 다양한 문화를 존중하고 사회 통합을 이루는 매우 훌륭한 소통 방식이며, 다문화 사회에서 가장 필요로 하는 교차문화 윤리이기도 하다.

제주도가 관광도시여서 식당이나 도로 간판에 한국어·영어·중국어 동시 표기를 한다고 생각했지만, 제주시 연동의 주민센터에서도 3개 국어를 표기한 것을 보고는 놀랐다. 관광객은 주민센터에 들를 일이 없고, 제주도 장기 체류자(3개월 이상) 외국인 주민은 도민 전체 인구의 3.1퍼센트 정도로 한국 전체인 3.4퍼센트보다 약간 낮은 수준인데도 제주도에는 한국어·영어·중국어 동시 표기가 된 곳이 많다. 이전에는 한국어·영어·일본어 동시 표기가 많았다고 한다. 시장 수요에 따른 변화이기도 하지만, 이런 다국어 표기는 다양성의 공존을 위한 교차문화 윤리가 체현된 한 좋은 사례라고 할 수 있다.

다문화 시대의 윤리

'다문화'라는 말이 한국 사회에서 기존의 인종차별적인 언어에 저항하여 대안으로 만들어진 것인데도, 한국 사회의 남녀노소에게 익숙한 단어가 된 것은 전적으로 한국 정부가 주도한 '다문화 정책' 덕분이다. 그러나 '다문화'가 '다문화 감수성' 향상이라는 본연의 목표를 이루기 위한 방향으로 사용되기보다는 결혼 이민 여성 및 그들의 가족 그리고 자녀를 가리키는 '인칭대명사'로 사용되고 있어 우려된다. '다문화인', '다문화 청소년', '다문화 여성', '우리 반에 다문화가 한 명 있어.' 이런 말이 어떻게 가능해진 것일까?

다문화가 다양성의 문제로 논의되기보다 국제결혼 가족 중심으로 담론화되고 있는 것이 문제다. 다문화가 결혼으로 이루어진 '다문화 가족'을 가리키는 말이라면, 서울 사람과 제주도 사람이 만나 가족을 이루어도 '다문화 가족'이고 여성과 남성이 만나 가족을 이루어도 '다문화 가족'이다. 차이가 다양성으로, 차별이 평등으로 다루어지는 것이 다문화의 핵심인데, '다문화'라는 말 자체가 비하 혹은 시혜의 뜻으로 특정 계층의 사람을 가리키는 데 사용되는 것은 큰 문제가 있다.

'다문화'라는 단어가 다양한 문화의 공존이라는 당위적이고 추상적인 이름으로만 고착될 때 그것은 우리 사회에 공허한 메아리로 전락하기 쉽다. 그래서 구체적인 교차문화적 맥락을 성찰하고, 그것을 우리 모두가 윤리적 문제로 직면할 필요가 있다. 윤리적 문제란 '도덕적인' 문제라기보다 우리 사회가 어떻게 민주적이고 정의로운 사회로 갈 수 있는지에 대한 인문학적 상상력과 포용력을 말한다.

마이클 샌델(Michael Sandel)은 스포츠 스타 마이클 조던(Michael Jordan)이 남다른 노력을 통해 지금의 성취를 얻었지만, 그것을 가능하게 한 것은 농구라는 스포츠를 소비해준 그 사회와 우리 모두이기에 부자들의 사회적 환원은 정의라고 말한다. 이주가 일상화되고 있는 오늘날 "오래 살 시민을 만들 것인지 잠시 거주하는 이주 노동자 정책을 펼지는 각 사회가 스스로 선택해야 한다."[17] 이주민이 그 지역사회 발전에 풍요로움과 정의로움을 가져올 수 있는 선물 같은 존재가 되기 위해서는 상호 구체적인 교차문화 윤리가 필요하다.

서장 페미니스트 크리틱, 새로운 세계를 제안하다

1 김은실, 〈1920~30년대 초국가적 페미니즘의 맥락 속에서 본 나혜석의 글쓰기〉,《나혜석, 한국 문화사를 거닐다》, 푸른사상, 2015.

2 김은실, 〈조선의 식민지 지식인 나혜석의 근대성을 질문한다〉,《한국여성학》24권 2호, 한국여성학회, 2008.

3 신행선, 〈양차대전 사이의 프랑스 페미니즘과 출산에 대한 담론 (1919~1939)〉,《한국프랑스학논집》62집, 한국프랑스학회, 2008, 427~448쪽.

4 프랑스에서 여성의 신체적 자유라는 이름으로 피임과 낙태가 합법화된 것은 1975년이다. 낭시 보부아르는 강하고 열렬한 낙태 합법화 지지자였다.

5 정혜숙, 〈시몬느 드 보부와르의 타자성과 사유체계〉,《한국프랑스학논집》29집, 한국프랑스학회, 2000, 263~282쪽에서 재인용.

6 Nancy Bauer, *Simone de Beauvoir*, *Philosophy*, *and Feminism*, Columbia University Press, 2001.

7 김은실, 〈한국 대학에서의 여성학 교육 개관〉,《여성학논집》14·15합집, 이화여자대학교 한국여성연구원, 1998.

8 권김현영·루인·엄기호·정희진·준우·한채윤,《한국 남성을 분석한다》, 권김현영 엮음, 교양인, 2017.

9 1990년대 말에 조형, 장필화, 이영자, 조한혜정, 조은, 조옥라 등이 이 말을 거의 일상적으로 사용했고, 그들과의 대화에서 이 말은 21세기 여성주의의 방향을 제시하는 일상적 슬로건으로 제시되곤 했다.

1장 성폭력 폭로 이후의 새로운 문제, 피해자화를 넘어

1   프랜시스 올슨, 카키시마 요시코 편역, 김리우 옮김, 《법의 성별》, 파랑새미디어, 2016, 219쪽.

2   정희진, 《페미니즘의 도전》, 교양인, 2006, 21쪽.

3   19대 대통령 선거에 자유한국당 후보로 출마한 홍준표 씨의 책 《나 돌아가고 싶다》(행복한집, 2005.), 법무부 장관 후보로 지명되었다가 사퇴한 안경환 씨의 책 《남자란 무엇인가》(홍익출판사, 2016.), 2017년 7월 현재 청와대 의전비서관실 2급 행정관으로 근무 중인 탁현민 씨의 책 《말할수록 자유로워지다》(해냄, 2007.) 등 참조.

4   이 행사는 한국성폭력상담소에서 주최했다. 필자는 당시 한국성폭력상담소의 활동가이자 이 행사의 담당자이기도 했다. 1회 개최 당시 참여자들은 미리 휴대전화를 맡기고 팔짱을 끼지 말라는 등 주최 측의 매우 엄격한 요구 사항을 수용해야만 입장할 수 있었다. 이후 지금까지 이어지고 있는 이 행사는 회를 거듭하면서 다양한 형식으로 개방되었고, 말하기 방식도 예술가들과의 협업 등 여러 실험을 시도하고 있다. 수백 명의 사람 앞에서 말하는 형태의 대회는 2014년 12회까지 열렸고, 그보다 작은 규모인 자조집단 형태로 열리는 '작은 말하기' 행사는 2017년 현재까지 정기적으로 열리고 있다.

5   영화계 내 성폭력 문제의 경우 〈씨네21〉에서 2016년 11월 7일 1079호부터 무려 11회에 걸친 연속 기획으로 이어갔고, 이후 '찍는 페미'라는 페미니스트 행동주의 그룹이 조직되었다.

6   김은실, 〈한국 남성 지식인 사회의 도착〉, 《볼 BOL》 1호, 한국문화예술위원회, 2005.

7   문단 내 성폭력 문제에 대한 고발자와 지지자 들의 글을 모은 단행본 《참고문헌 없음》 출간 프로젝트를 둘러싼 갈등에 대해서는 루인·정희진·한채윤·[참고문헌 없음] 준비팀, 《피해와 가해의 페미니즘》, 권김현영 편집, 교양인, 2018에 실린 글을 참조할 것.

8   김주희, 〈속도의 페미니즘과 관성의 정치〉, 《문학과 사회》 116호, 문학과지성사, 2016.

9   정희진, 《성폭력을 다시 쓴다―객관성, 여성운동, 인권》, 한울아카데미, 2003, 8쪽.

10 김용세·김재민, 〈범죄현장에서의 피해자보호와 경찰관 교육방안〉, 치안정책연구소, 2006년, 16쪽.

11 "Jury Stirs Furor by Citing Dress in Rape Acquittal", *Boston Globe*, Oct. 6, 1989, col. 1.

12 최혜영, 〈고대 로마의 몸과 권력〉, 《몸으로 역사를 읽다》, 한국서양사학회 편, 푸른역사, 2011, 166쪽.

13 보리스 시뤌리크, 임희근 옮김, 《불행의 놀라운 치유력》, 북하우스, 2006.

14 김은실, 〈4·3 흘어멍의 "말하기"와 몸의 정치〉, 《한국문화인류학》 49권 3호, 한국문화인류학회, 2016, pp. 313~359.

15 Sharice A. Lee, *The Survivor's Guide*, Sage Publications, 1995, p. 51.

16 초록우산어린이재단에서 시민 공모를 통해 선정된 광고 수상작이다. 초등학생의 삐뚤삐뚤한 글씨체로 구겨진 종이에 "한 번 구겨진 마음은 다시 깨끗하게 펴지지 않습니다"라고 쓰여 있다. 이 단체에서는 이 이미지로 현수막을 만들어 2013년 아동 성폭력 예방 거리 캠페인에 나서기도 했다.

17 장 아메리, 안미현 옮김, 《죄와 속죄의 저편—정복당한 사람의 극복을 위한 시도》, 길, 2012.

18 인간은 자신이 상상할 수 있는 수준의 고통에 쉽게 동류의식을 느낀다. 그러나 인간의 동감(sympathy)의 기초가 되는 역지사지는 순간적인 것에 지나지 않는다. 이와 관련해서는 애덤 스미스, 박세일·민경국 옮김, 《도덕감정론》, 개역판, 비봉출판사, 2012, 4~5쪽, 30쪽 참조.

19 빅터 프랭클, 이시형 옮김, 《죽음의 수용소에서》, 청아출판사, 2005, 19쪽.

20 빅터 프랭클, 이희재 옮김, 《삶의 의미를 찾아서》, 출판트러스트, 2015, 135~137쪽.

21 프리모 레비, 심하은·채세진 옮김, 《고통에 반대하며—타자를 향한 시선》, 북인더갭, 2016, 81쪽.

22 주디스 버틀러 외, 김응산 옮김, 《박탈》, 자음과모음, 2016, 131~132쪽.

23 주디스 버틀러 외, 앞의 책, 145쪽.

24 권김현영, "2차 가해와 피해자 중심주의에 대해", 〈허핑턴포스트〉, 2017. 03. 16., 〈http://www.huffingtonpost.kr/hyunyoung-kwonkim/story_b_15352452.html〉.

25 리처드 세넷, 유강은 옮김, 《불평등 사회의 인간 존중》, 문예출판사, 2004, 67~68쪽.

26 피터 L. 버거·토마스 루크만, 하홍규 옮김, 《실재의 사회적 구성》, 문학과지성사, 2013, 109쪽.

27 김은실(2016), 앞의 글, 315쪽, 350쪽.

2장 여성이 군대 가면 평등해질까: 신자유주의 시대의 병역과 젠더

1   2018년 1월 1일 현재, 미국에서는 트랜스젠더(남성, 여성)의 입대를 공식 허용했다. 미군에는 비공식적으로 최소 2천 명의 트랜스젠더가 근무하는 것으로 알려졌다.("미군에 트랜스젠더 첫 입대…허용 판결 이후 처음", 〈연합뉴스〉, 2018. 02. 27.)

2   이 글에서는 '미소지니'를 영어 그대로 쓴다. 이 단어가 '여성 혐오'로 번역되면서 '남혐 대 여혐'이라는 대립 구도가 만들어졌기 때문이다. 말할 것도 없이 남혐과 여혐은 대칭적이지 않다.

3   2002년 《페미니스트 저널 if》 봄호에서 일부 여성주의자와 여군은 "여성도 군대 보내라!"라는 특집 기사를 통해 '평등을 위한 권리'로서 여성의 입대를 주장했다. 또한 2005년 9월, 경기도 일산의 한 고등학교 3학년 여학생은 "사회가 여성을 인형으로 취급, 약자로 보고 있다. 여성도 군대에 다녀와야 동등해진다."라며 헌법 소원을 제기했다. "남성만 군대에 가는 것은 양성평등에 위배된다."라는 것이다.

4   권김현영·루인·류진희·정희진·한채윤, 《양성평등에 반대한다》, 정희진 엮음, 교양인, 2017.

5   징병제 외에 다른 모병(募兵) 방식이 논의된 적 없는 한국 사회에서는 '전문가'조차 모병제와 지원병제를 혼동해서 사용한다. 모병제는 병사를 모집하는 모든 방법을 뜻한다. 그러므로 지원병제는 모병의 한 방법일 뿐이다. 모병 방식에는 크게 두 가지가 있다. 첫째는 국민개병(國民皆兵), 즉 징집제(徵集制, conscription)이고, 둘째는 지원병제(志願兵制, voluntary enlistment)다. 국가가 아닌 기업이 군인을 '직원'으로 모집하는 형태로는 전쟁주식회사(용병회사, private military company)가 있다. 남녀 모두 징병제인 국가도 있지만, 현재 남한 사회에서 징병제의 대상은 '정상 남성'이다. 하지만 지원병제가 실시될 경우 미국처럼 성별 제한이 없어진다.

6   군가산제 이후 젠더와 병역 논쟁 전반에 대해서는 양현아 편, 《군대와 성평등》, 경인문화사, 2009를 참조할 것.

7   자세한 내용은 다음의 책을 참조하라. Harry Brod & Michael Kaufman(Edt), *Theorizing Masculinities*, Thousand Oaks; Sage Publications, 1994.

8   Charlotte Hooper, *Manly States: Masculinities, International Relations, and Gender Politics*, New York; Columbia University Press, 2001.

9   남한은 세계에서 양심적 병역 거부로 인해 수인(囚人)이 가장 많은 국가인데, 핵심은 '여

호와의 증인' 신도들이다. 이들은 국가보다 종교의 자유를 우선한, 한국 근대화 과정에서 유일한 집단이었다. 한국 사회는 이들을 동질화시키지 못했다. 이 논의는 매우 중요하나, 이 글에서는 다루지 않는다.

10 병무청 홈페이지(https://www.mma.go.kr) 복무 제도 참조, 병무(Military Manpower Administration).

11 "인구절벽시대 '감군' 논의해야 되지 말입니다", 〈주간경향〉 1182호, 2016. 06. 28.

12 "정밀검사 다 거쳤는데 정신이상? 병무청에만 책임 떠넘기는 육군", 〈동아일보〉, 2014. 08. 15. 〈http://news.donga.com/3/all/20140815/65759066/1〉

13 박선영 외, 《군복무에 대한 사회통합적 보상체계 마련을 위한 정책방안 연구》, 한국여성정책연구원, 2007.

14 김진형, 《대한민국 군대를 말한다》, 맥스미디어, 2017, 86쪽.

15 피우진, 《여군은 초콜릿을 좋아하지 않는다》, 삼인, 2006(2017), 135쪽.

16 김은실 외, 《변화하는 여성문화 움직이는 지구촌》, 푸른사상, 2004.

17 최초의 병영 소설로 간주되는 홍성원의 《디 데이의 병촌》(1966)이나 김신의 《쫄병시대》(1988) 등이 대표적이다. '보다 밝아진' 체험 수기로는 《진짜사나이─DMZ에서의 병영일기》(심평보 지음, 문학스케치, 2013)가 있다. 이 책은 군 체험의 '악몽'과 군대 생활 안내 사이의 중간 정도에서 전환점이 될 만한 텍스트다.

18 《취업과 성공을 보장하는 군대 골라가기》, 《군대 가기 전엔 미처 몰랐던 49가지》, 《충성! 라면 잘 끓이고 있습니다─군에서 성공하고 싶은 후배들에게 들려주고 싶은 이야기》, 《군대 바로 알기─군생활 완벽 지침서》, 《알면 인정받고 모르면 헤매는 군대심리학》, 《내 꿈은 군대에서 시작되었다》, 《나는 세상의 모든 것을 군대에서 배웠다》, 《주한미군 취업가이드》, 《군대를 꼭 가야만 한다면─군대 갈 우리 아들, 내 남친을 위한 생존처세서》, 《27만 청춘들의 위대한 선택─군대에서 배우는 인생수업》, 《군대생활 매뉴얼─현역 대령이 알려주는 정통 군생활 안내서》 등 참조.

19 정유진, 〈경합하는 가치로서의 '국가안보'와 '개인의 안전〉, 《인권논문수상집》, 국가인권위원회, 2005.; 정유진, 〈병역 거부에 대해서 상상한다는 것〉, 《두레방에서 길을 묻다─두레방 20주년 기념문집》, 두레방, 2007.
    최초로 지원병제를 제안한 사람은 안경환 전 서울대 교수(현 서울대 명예교수)와 권인숙 명지대 교수(현 한국여성정책개발원장)다. (안경환, "이젠 모병제를 고민할 때", 〈한겨레〉, 2005. 07. 04; 권인숙, "여성 징병 논란? 출구는 모병제다", 미디어다음 인터뷰, 2006. 09. 12.)

20 주하림, 《나는 여성 징병제에 찬성한다》, 돋을새김, 2017. 지은이는 대학 졸업 직후 공군에 입대하여 공군작전사령부에서 3년 동안 의무 복무를 마쳤으며, 현재는 대기업에 근무하고 있다.

21 메리 울스턴크래프트, 문수현 옮김, 《여성의 권리 옹호》, 책세상, 2011.

22 국방부 홈페이지(접속일: 2018. 01. 31.)

23 권인숙, "모병제, 여성에게 취업 길 열린다", 〈한겨레〉, 2016. 09. 20.

3장 성매매 여성 '되기'의 문화경제

1 이 글은 다음 글을 수정·보완한 것이다. 김주희, 〈성매매 여성들의 "재여성화 전략"으로서의 '외모 관리─소비' 활동에 대한 여성주의 분석〉, 《아시아여성연구》 55권 2호, 2016, 57~92쪽.

2 실비아 페데리치, 황성원·김민철 옮김, 《캘리번과 마녀: 여성, 신체 그리고 시초축적》, 갈무리, 2011.

3 베르너 좀바르트, 이필우 옮김, 《사랑과 사치와 자본주의》, 까치, 1997.

4 리타 펠스키, 김영찬·심진경 옮김, 《근대성과 페미니즘: 페미니즘으로 다시 읽는 근대》, 거름, 1998.

5 마리아 미즈, 최재인 옮김, 《가부장제와 자본주의: 여성, 자연, 식민지와 세계적 규모의 자본축적》, 갈무리, 2014.; 실비아 페데리치, 앞의 책.

6 마리아 미즈, 앞의 책, 227~245쪽.

7 김은실, 〈여성의 건강/몸 관리와 육체 이미지의 소비문화〉, 《여성의 몸, 몸의 문화정치학》, 또하나의문화, 2001, 100쪽.

8 모현주 연구가 이러한 규정을 뒷받침한다. 그는 남자친구나 남편, 가족에게 귀속되는 소비 욕망은 '사랑'이라는 이름으로 얼마든지 용서되지만, 여성이 사회가 테두리를 그려 준 관계들 때문이 아니라 오로지 자신의 욕망을 위해 소비할 때 문제적이 된다고 분석한다. 그럼에도 동시대 한국 여성들은 소비사회에서 돈벌이가 갖는 힘, 외모가 갖는 힘을 간파하면서 외모 가꾸기 관련 소비에 몰두한다고 지적한다. 모현주, 〈화려한 싱글과 된장녀: 20, 30대 고학력 싱글 직장 여성들의 소비의 정치학〉, 《사회연구》 15권, 2008, 41~67쪽.

9   김고연주, 〈'나 주식회사'와 외모 관리〉, 《친밀한 적: 신자유주의는 어떻게 일상이 되었
    나》, 김현미 외 편, 이후, 2010.; 이소희, 〈몸 정치학: "날씬한 몸" 만들기의 수행성과 주
    체성의 역학〉, 《젠더와 사회》 7권 2호, 2008, 126~153쪽; 태희원, 〈신자유주의적 통치
    성과 자기계발로서의 미용성형 소비〉, 《페미니즘 연구》 12권 1호, 2012, 157~191쪽;
    Cho, Joo-hyun, "Neoliberal Governmentality at Work: Post-IMF Korean Society and
    the Construction of Neoliberal Women", *Korea Journal*, 49(3), 2009, pp. 15~43.

10 김예림, 〈문화번역 장소로서의 칙릿: 노동과 소비 혹은 현실과 판타지의 역학〉, 《언론과
    사회》 17권 4호, 2009, 48~77쪽.

11 Joohee Kim, "Instant Mobility, Stratified Prostitution Market: The Politics of Belonging
    of Korean Women Selling Sex in the U.S.", *Asian Journal of Women's Studies* 22(1),
    2016, pp. 48~64.

12 성매매, 성폭력 문제 등 여성의 섹슈얼리티 문제가 몸의 젠더 정치학과 연관해서 분석
    되어야 한다는 논의로는 다음의 글을 참조할 것. 민가영, 〈성매매, 누구와 누구 혹은 무
    엇과 무엇 사이의 문제인가?〉, 《섹슈얼리티 강의, 두 번째》, 변혜정 엮음, 동녘, 2006.;
    정희진, 〈성적 자기결정권을 넘어서〉, 앞의 책.

13 Kimberly Hoang, "Competing Technologies of Embodiment: Pan-Asian Modernity and
    Third World Dependency in Vietnam's Contemporary Sex Industry," *Gender & Society*
    28(4), 2015, pp. 513~536.

14 Karen J. Hossfeld, "Their Logic Against Them", *Contradictions in sex, race, and class
    in silicon valley, Women Works and Global Restructuring*, edited by Kathryn B. Ward,
    Ithaca, NY: ILR Press, School of Industrial and Labor Relations, Cornell University,
    1990.

15 이정미, 〈성매매현장의 약물, 알콜, 다이어트, 성형강요가 여성에게 미치는 영향〉, 《여
    성과 인권》 15권, 2016, 64~74쪽.

16 샌더 길먼(Sander Gilman)은 서구에서 초기 미용 성형수술을 필요로 한 사람들은 매독과
    같은 성병으로 코를 잃게 된 사람들로, 이들의 근본적인 성형 동기는 "통과(passing)하고"
    싶은 열망이었다면서, 이것이 미용 성형수술의 기본적인 이념 구조를 이룬다고 설명한
    다. 샌더 L. 길먼, 곽재은 옮김, 《성형수술의 문화사》, 이소, 2003.

17 "成形-3: 재수술 명의를 만나다", 〈우먼센스〉, 2012. 08. 01., 〈http://navercast.naver.
    com/magazine_contents.nhn?rid=1089&contents_id=12014〉. 국제미용성형수술협회
    (ISAPS)의 2011년 통계에 따르면 한국은 인구 1,000명당 성형수술 13.5건을 기록해 세계

95개국 중 1위를 기록했으며, 2013년 같은 단체의 자료에 따르면 한국 여성 5명 중 1명은 성형수술을 하는 것으로 알려졌다. 이로써 한국 성형 시장은 45억 달러(5조 원)로 세계 성형 시장 규모(200억 달러)의 4분의 1을 차지할 정도로 크다고 한다. "미용 목적 성형수술 가장 많이 한 나라는?", 〈경향신문〉, 2014. 07. 31.

18　오구라 도시마루, 김경자 옮김, 〈성매매와 자본주의적 일부다처제〉, 《노동하는 섹슈얼리티》, 삼인, 2006.

19　김주희, 〈일상적 재생산의 금융화와 성매매 여성들의 '자유'의 확대〉, 《여성학논집》 32권 2호, 2015, 29~60쪽.

20　"대부업체 끼고 유흥업소 여성 '후불제 성형' 유치전", 〈동아일보〉, 2013. 08. 06.

21　""후불 성형을 아시나요?" 강남 성형외과 브로커 적발", 〈연합뉴스〉, 2015. 05. 07.

4장　신자유주의 시대 10대 여성의 자기 보호와 피해

1　이 글에서 인용된 사례는 필자가 2015년 7월부터 2017년 8월까지 서울과 경기도의 쉼터를 통해 만난 10대들로부터 가출 생활 중 폭력과 피해 경험을 인터뷰한 자료다. 연구의 취지를 설명했고 연구 자료로 사용할 수 있다는 허락을 받아 인터뷰를 진행했다. 인터뷰 참여자를 보호하기 위해 모든 사례는 가명을 사용했다.

2　김연주, 〈성매매 경험이 있는 십대 여성들의 사회적 배제에 관한 연구〉, 《페미니즘 연구》 11권 2호, 한국여성연구소, 2011, 239~273쪽.

3　민가영, 〈'피해 협력성'을 이끌어내는 '비강압적 착취의 맥락'에 대한 연구〉, 《한국여성학》 32권 1호, 한국여성학회, 2016, 101~141쪽.

4　김은실, 〈지구화 시대 한국 사회 성문화와 성 연구 방법〉, 《섹슈얼리티 강의, 두 번째》, 변혜정 엮음, 동녘, 2006, 18~47쪽.

5　조한혜정, 《학교를 찾는 아이, 아이를 찾는 사회》, 또하나의문화, 2000.

6　특히 여성학적 논의는 소비자본주의와 광범한 성산업이라는 사회적 조건 속에 놓인 십대 여성들이 그 조건에 수동적으로 반응하는 것이 아니라 자신을 둘러싼 조건을 간파하고 그것과 협상, 순응, 저항 등을 벌이는 행위자적 존재임을 보여주었다. 김현미, 〈여성주의 성교육을 위한 모색〉, 《한국여성학》 13권 2호, 한국여성학회, 1997, 123~157쪽; 김은실, 《여성의 몸, 몸의 문화정치학》, 또하나의문화, 2001; 민가영, 〈신자유주의 질서의

확산에 따른 십대 여성의 성적 주체성 변화에 관한 연구〉, 《한국여성학》 25권 2호, 한국
여성학회, 2009, 5~35쪽; 김주희, 〈성산업 공간인 티켓 영업 다방 내 십대 여성의 "일"
에 관한 연구〉, 《청소년 문화포럼》 14권, 한국청소년문화연구소, 2006, 133~180쪽; 김
연주, 앞의 글; 김은정, 〈저소득층 십대 여성의 성매매 유입/재유입을 통한 사회화 과정
분석: '구조'와 '행위' 간 이중적 관계를 중심으로〉, 《사회와 이론》 22호, 한국이론사회학회,
2013, 271~321쪽.

7   María Lugones, "Playfulness, 'World'−Traveling, and Loving Perception", *Making Face,
Making, Soul/Haciendo Caras: Creative and Critical Perspectives by Feminists of Color*,
Gloria Anzaldú (ed.), San Francisco; Aunt Lute Books, 1990.

8   김연주, 앞의 글; 김은정, 앞의 글; 민가영(2016), 앞의 글.

9   김은실(2001), 앞의 글.

10   민가영, 〈성매매 경험 여성의 연애 양상과 남성 승인의 권한〉, 《한국여성학》 33권 1호,
한국여성학회, 2017, 1~33쪽.

11   김연주, 앞의 글.

12   정희진, 《낯선 시선−메타젠더로 본 세상》, 교양인, 2017, 272~275쪽.

13   윤덕경·박현미·장영아, 〈여자청소년 성보호 관련법의 현황과 과제〉, 《소년보호연구》 5권,
한국소년정책학회, 2005, 105~126쪽.

14   김주희, 앞의 글.

15   권김현영, 〈미성년자 의제강간, 무엇을 보호하는가〉, 《양성평등에 반대한다》, 정희진 엮
음, 교양인, 2017, 92~124쪽.

16   Jacques Attali, *The labyrinth in culture and society: the pathways to wisdom*, Berkeley;
North Atlantic Books, 1999.

17   Zygmunt Baumann, *Liquid Modernity*, UK; Polity, 2009.

18   민가영(2009), 앞의 글.

19   권김현영, 앞의 글.

20   Judith Butler and Athena Athanasiou, *Dispossession: The performative in the political*,
UK; Polity, 2016.

21   Isaiah Berlin, *Letters 1928~1946*, Henry Hardy (ed.), London; Cambridge University
Press, 2004.

22   Judith Butler, *Frames of War—When is life Grievable?*, London, N.Y. : Verso, 2009,
      pp. 25~26.

5장   여자 아이돌/걸 그룹과 샤덴프로이데: 아이유의 《챗셔》 논란 다시 읽기

1   이 글은 다음 글을 수정·보완한 것이다. 김현경, 〈아이돌을 둘러싼 젠더화된 샤덴프로
      이데(Schadenfreude)의 문화정치학: "아이유 사태"를 중심으로〉, 《한국언론정보학보》 80호,
      2016, 115~142쪽.

2   예컨대 손희정의 〈베이비로션을 입은 여자들: 설리, 아이유, 로리콤〉, 《소녀들: K-pop
      스크린 광장》, 여이연, 2017, 50~78쪽과 이 글을 둘러싸고 페이스북에서 벌어진 논쟁
      을 참조하라.

3   김은실, 〈강의를 열며: 지구화 시대 한국 사회 성문화와 성 연구 방법〉, 《섹슈얼리티 강
      의, 두 번째: 쾌락, 폭력, 재현의 정치학》, 동녘, 2006, 18~48쪽.

4   김예란, 〈아이돌 공화국: 소녀 산업의 지구화와 소녀 육체의 상업화〉, 《젠더와 사회》,
      동녘, 2014, 289~411쪽.

5   Rosalind Gill, "Empowerment/Sexism : Figuring Female Sexual Agency in Contemporary
      Advertising", *Feminism and Psychology* 18(1), 2008, pp. 35~60.

6   황효진, "2016 걸 그룹 ① 다시 소녀들의 시대", 〈매거진 IZE〉, 2016. 05. 10., 〈http://
      ize.co.kr/articleView.html?no=2016050821217279604〉.

7   대표적인 예로 김작가, "아이유와 국정교과서", 〈경향신문〉, 2015. 11. 09., 〈http://
      news.khan.co.kr/kh_news/khan_art_view.html?artid=201511092119395&co
      de=990100〉을 참조하라.

8   데칼코마니킴, "아이유 '제제' 음원 폐기를 요청합니다", 〈다음 아고라〉, 2015. 11. 06.,
      〈http://bbs3.agora.media.daum.net/gaia/do/petition/read?articleStatus=S&cPageIndex=
      1&bbsId=P001&cSortKey=depth&articleId=177680〉을 참조하라.

9   대표적인 예로 손희정, "아이유가 부르고 싶었던 노래", 《문화과학》 뉴스레터 12호,
      2015. 12. 09., 〈http://cultural.jinbo.net/?p=1802〉를 참조하라.

10   이 옛말은 토지가 가장 중요한 재화였던 전통 사회의 감정의 구조를 드러낸다. 토지는
      누군가가 소유하면 다른 이는 소유할 수 없는 제한된 재화였기 때문에 이를 둘러싼 공

동체 내 심리적 긴장과 갈등은 일상적인 것이었다. 자원의 배분과 관련한 심리적 갈등이라는 점에서 이는 근대의 샤덴프로이데와 닮아 있다.

11 Steve Cross & Jo Littler, "Celebrity and Schadenfreude: The Cultural Economy of fame in Freefall", *Cultural Studies* 24(3), 2010, pp. 395~417.

12 파울 페르하에허, 장혜경 옮김, 《우리는 어떻게 괴물이 되어가는가: 신자유주의적 인격의 탄생》, 반비, 2015.

13 김현경, 《사람, 장소, 환대》, 문학과지성사, 2015, 105~168쪽.

14 김현경, 앞의 책, 161쪽.

15 Gabriella Lukács, *Scripted Affects, Branded Selves: Television, Subjectivity, and Capitalism in 1990s Japan*, Durham: Duke University Press, 2010.

16 Steve Cross & Jo Littler, 앞의 글, p. 406.

17 정민우, 〈박재범과 타블로 그리고 유승준의 평행 이론: 한국 대중음악의 초국적화와 민족주의적 트러블〉, 《아이돌》, 이매진, 2011, 170~193쪽.

18 이에 대한 여성주의 분석서는 아주 많이 있지만 몇 권만 예로 들면 다음과 같다. 우에노 치즈코, 이승희 옮김, 《가부장제와 자본주의》, 녹두, 1994.; 장(윤)필화, 《여성, 몸, 성》, 또하나의문화, 2000.; 조앤 W. 스콧, 공임순·최영석·이화진 옮김, 《페미니즘 위대한 역설: 프랑스 여성참정권 투쟁이 던진 세 가지 쟁점 여성·개인·시민》, 앨피, 2006.; Donna Dickenson, *Property in the Body: Feminist Perspectives*, Cambridge: Cambridge University Press, 2007.

19 김예란, 앞의 글, 400~404쪽.

20 이경훈, 《오빠의 탄생: 한국 근대 문학의 풍속사》, 문학과지성사, 2003, 42~75쪽.

21 김은실, 〈조선의 식민지 지식인 나혜석의 근대성을 질문한다〉, 《한국여성학》 24권 2호, 2008, 147~186쪽.

22 김수아, 〈소녀 이미지의 볼거리화와 소비 방식의 구성: 소녀 그룹의 삼촌 팬 담론 구성〉, 《미디어, 젠더 & 문화》 15호, 2010, 79~119쪽; 김성윤, 〈'삼촌 팬'의 탄생: 30대 남성 팬덤의 불/가능성에 관하여〉, 《아이돌》, 이매진, 2011, 238~269쪽.

23 김성윤, 앞의 글, 261쪽.

24 데칼코마니킴, 앞의 글.

25 한지은, "우리의 발언은 기울어진 저울의 한 편에 필연적으로 무게를 실어주게 된다",

《포포스》, 2015. 11. 9., 〈http://ppss.kr/archives/60602〉.

26 엄진, 〈전략적 여성혐오와 그 모순: 인터넷 커뮤니티 '일간베스트저장소'의 게시물 분석을 중심으로〉, 《미디어, 젠더 & 문화》 31권 2호, 2016, 193~244쪽.

27 레이 초우, 정재서 옮김, 《원시적 열정: 시각, 섹슈얼리티, 민족지, 현대중국영화》, 이산, 2004.

28 김수진, 〈아이디 주체(ID Subject)와 여성의 정치적 주체화: '나꼼수-비키니 시위 사건'을 중심으로〉, 《한국여성학》 29권 2호, 2013, 1~38쪽.

6장 10대 여성의 디지털 노동과 '소녀성'

1 "신문·방송 이상의 매체 페이스북, 가치는?", 〈미디어스〉, 2017. 06. 23., 〈http://www.mediaus.co.kr/news/articleView.html?idxno=94833〉; "HURUN GLOBAL UNDER 40 & SELF MADE RICH LIST", 《胡潤百富》, 2017. 07. 04., 〈http://www.hurun.net/CN/Article/Details?num=B7D12F683567〉.

2 2016년 청소년들의 소셜 미디어 활용에 관한 한국청소년정책연구원의 연구에서 청소년이 가장 활발하게 사용하는 소셜 미디어는 페이스북이었다. 청소년이 주로 사용하고 있는 소셜 미디어는 80% 이상이 사용하고 있다고 응답한 유튜브와 페이스북이며, 페이스북의 경우 일주일에 7회 이상 사용한다고 응답한 비율 및 하루 평균 두 시간 이상 사용한다는 비율이 가장 높아 청소년들이 페이스북 활동을 활발히 하고 있음을 확인할 수 있다. 참고로 최근 한 달 동안 사용한 SNS 사이트로는 페이스북(79.9%), 인스타그램(35.6%), 블로그(29.3%) 순으로 조사됐다.(한국청소년정책 연구원, 2016)

3 소셜 미디어 기업들은 이용자의 참여를 유도하기 위해 활발한 활동을 하는 이용자와 특정한 콘텐츠의 유명세를 높이는 방식의 알고리즘을 채택한다. 대표적으로 페이스북의 뉴스피드 노출을 결정하는 알고리즘인 엣지랭크는 페친과의 상호작용과 소셜 미디어 참여도가 높은 이용자의 콘텐츠를 페친들의 뉴스피드에 더 많이 노출되도록 한다. 구체적으로 상태 업데이트의 빈도나 작성 글의 형태(사진, 텍스트, 동영상), 좋아요, 채팅, 댓글 달기 등을 통해 상호작용하는 친구가 누구이며 얼마나 많은지 등에 따라 자신의 콘텐츠가 친구들에게 얼마나 중요한 방식으로(뉴스피드 상단에 위치하게 될 것인지, 금세 사라지게 될 것인지) 보이게 되는지가 결정되는 것이다.

4 김은실, 《여성의 몸, 몸의 문화 정치학》, 또하나의문화, 2001.

5   Catherin Driscoll, *Girls: feminine adolescence in popular culture & cultural theory*, New York: Columbia University Press, 2002.

6   〈미디어스〉, 앞의 글.

7   Tiziana Terranova, "Free Labor: Producing Culture for the Digital Economy." *Social Text* 18⑵, 2000, pp. 33~58.

8   Tiziana Terranova, 앞의 글.

9   Christian Fuchs, *Social Media: A Critical Introduction*, SAGE Publications Ltd, 2013.

10   Cote Mark and Pybus Jennifer, "Learning to Immaterial Labour 2.0: MySpace and Social Networks," *ephemera* 7⑴, 2007, pp. 88~106; Adam Arvidsson, "Value in Informational Capitalism and on the Internet", *The Information Society: An International Journal* 28⑶, 2012, pp. 135~150.

11   김예란, 〈아이돌 공화국: 소녀 산업의 지구화와 소녀 육체의 상업화〉, 《젠더와 사회: 15 개의 시선으로 읽는 여성과 남성》, 동녘, 2014, 389~411쪽.

12   질 들뢰즈, 김종호 옮김, 《대담 1972~1990》, 솔, 1993.

7장 저출산 담론과 젠더: 여성주의 비판과 재해석

1   "韓 합계출산율 3년 연속 OECD '꼴찌'", 〈머니투데이〉, 2016. 08. 24., 4면.

2   김대중 정부 이후 노무현 정부⑵₀₀₃~₂₀₀₈⑵는 초저출산의 원인과 대책에 대해 외국의 경험을 연구하고 2004년에 '대통령자문 고령화 및 미래사회위원회'를 설치하여 저출산과 고령화에 대한 정책에 대해 본격적으로 검토하기 시작했다.(《한국 인구정책 50년-출산 억제에서 출산 장려로》, 보건사회연구원, 2016. 152~153쪽.)

3   〈매일경제〉, 2005. 08. 24., 2014. 03. 26.; 〈동아일보〉 2006. 05. 09., 2010. 02. 26., 2014. 03. 26.

4   해리 덴트, 권성희 옮김, 《2018 인구 절벽이 온다》, 청림출판, 2015.

5   제5기 저출산고령사회위원회, 〈3차 저출산·고령사회 기본계획 2017년 시행계획〉, 대한민국 정부, 2017.

6   Wolfgang Lutz et al, *The Low-Fertility Trap Hypothesis: Forces that May Lead to*

Further Postponement and Fewer Births in Europe, Vienna; Vienna Yearbook of Population Research, 2006, pp. 167~192.

7 김은실, 《여성의 몸, 몸의 문화정치학》, 또하나의문화, 2008, 313쪽.

8 우명숙, 〈세계화 과정과 여성의 삶의 구조 변동〉, 《후기산업사회, 다양한 가족과 선택》, 한국가족학회 춘계학술대회자료집, 2011.

9 신경아, 〈여성의 관점에서 본 저출산대책〉, 《저출산·고령화 대응 학술심포지엄 자료집》, 한국보건사회연구원, 2012, 345~375쪽.

10 장경섭, 〈'위험회피' 시대의 사회재생산: 가족출산에서 여성출산으로〉, 《가족과 문화》 23집 3호, 한국가족학회, 2011, 1~23쪽.

11 2016년의 전체 출생아 406만 2,000명 중에서 혼인 외 출생아는 7만 8,000명으로 나타났다(2016년 출생 통계, 통계청, 2017.). 입양 통계를 보면 국내 입양이 546명, 국외 입양이 334명으로 나타나고 있으며, 국내로 입양되는 아동의 88.1%인 481명과 국외로 입양되는 아동의 97.9%인 327명이 미혼모 아동인 것으로 나타났다.(2016년 국내외 입양 현황, 중앙입양원, 2017.)

12 사빈 보지오-발리시 외, 유재명 옮김, 《저속과 과속의 부조화, 페미니즘》, 부키, 2007.

13 Emilio Gutiérrez, Pablo Suárez Becerra, "The relationship between Civil Unions and fertility in France: Preliminary evidence", *Review of Economics of the Household* vol. 10, 2012, pp. 115~132.

14 〈비혼 동거 커플의 증가와 프랑스의 시민연대계약(PACS)〉, 《글로벌 사회정책 브리프》 13권, 한국보건사회연구원, 2016, 4쪽.

15 이리스 라디쉬, 장혜경 옮김, 《여성학교》, 나무생각, 2008, 58쪽.

16 국제결혼에 대한 수용도는 63.2%, 이혼에 대한 수용도는 51%, 동거에 대한 수용도는 46.6%로 나타나 비혼 출산에 대한 수용도 22.4%, 재혼 수용도 16.5%에 비해서 높게 나타나고 있다.(통계청 사회조사, 2014.)

17 통계청, 인구주택총조사, 2015.

18 전국의 18세 이하 자녀를 키우는 미혼모는 2만 4,000명이며, 미혼부는 1만 1,000명으로 나타났다.(통계청, 2016.)

19 생활동반자법은 다양한 형태의 동거를 인정하고 생활동반자 관계의 성립과 효력 및 등록을 규정하는 법안이다. 이 법은 사회 환경, 문화, 인식의 변화에 따라 기존 혈연 및 혼

인 관계를 넘어서는 다양한 형태의 생활동반자 관계가 등장하는 현실에 기반하고 있다. 진선미 의원이 법 제정을 추진하고 있으나 종교계의 반발 등으로 수년째 발의되지 못하고 있다.

20   "1인 가구·졸혼 … 달라진 가족, 예능도 바꿨다", 〈조선일보〉, 2017. 06. 08., 21면.

21   김영미, 〈저출산, 뒤집어보기: 성평등 관점에서 살펴본 저출산 정책〉, 《대선 '성평등 정책' 연속 토론회 자료집》, 정춘숙 의원실, 2017.

22   장경섭(2011), 앞의 글.

23   2017년 11월 고용 동향, 통계청.

24   한국보건사회연구원, 2015년 전국 출산력 및 가족보건·복지 실태조사.

25   김은실, 〈여성의 생식력을 둘러싼 국가와 문화권력: 가족계획에서 저출산까지〉, 《저출산 정책의 방향과 미래》, 여성가족부, 2006.

26   김은실(2006), 앞의 글.

27   통계청, 인구주택총조사 전수 집계 결과, 2016.

28   양육 미혼모 가족에 대한 양육수당은 미혼모 자녀가 만 14세 미만까지 '한부모가족 아동양육비' 월 13만 원이 지원되며, 청소년 미혼모의 경우 '청소년 한부모 아동양육비' 월 18만 원이 지원된다.(2018년 1월부터 적용)

29   낸시 폴브레, 윤자영 옮김, 《보이지 않는 가슴》, 또하나의문화, 2007.

30   조은, 〈재생산정치와 한국페미니즘의 딜레마〉, 《저출산 정책의 방향과 미래》, 여성가족부, 2006.

31   우명숙(2011), 앞의 글.

32   최숙희, 〈국가경쟁력 강화를 위한 저출산 제고방안〉, 《여성경제정책포럼자료집》, 한국여성경제학회, 2017.

33   권김현영·루인·류진희·정희진·한채윤, 《양성평등에 반대한다》, 정희진 엮음, 교양인, 2017, 53~54쪽.

8장 다문화 시대 이주 여성의 이름과 젠더

1   샌드라 하딩, 조주현 옮김, 《누구의 과학이며 누구의 지식인가: 여성들의 삶에서 생각하

기》, 나남, 2009.

2   버나드 T. 오드니, 구미정 옮김,《낯선 덕: 다문화 시대의 윤리》, 아카넷, 2012.

3   "한글 이름 표기 제각각 … 통일해주세요",〈동아일보〉, 2016. 07. 05., 18면 참조.

4   "지난 15년간 41% 급증 … 최다 출발지는 아시아 목적지는 유럽",〈연합뉴스〉, 2016. 1. 13. 참조.

5   정정훈,〈외국인 인권 기초 연구〉,《IOM Migration Research & Training Centre Working Paper No. 2010-10》에서 재인용.

6   2015년 결혼 이민자 중 84.9%가 여성이고 외국인 근로자 중 72.8%가 남성이다(출입국통계. 2015.). 여성은 혼인을 통해 국경을 넘어서는 경우가 더 많고, 남성은 노동자 신분으로 국경을 넘어선다. 이주 여성은 혼인을 통해 한국의 가족 안에서 성 역할을 부여받고, 이주 남성은 공적 사회 안에서 노동자 역할을 부여받는다.

7   남성의 경제활동 참가율은 73.9%, 국가통계포털, 성별 경제활동인구 총괄, 2017년 10월 참조.

8   *World Development Indicators*, International Labour Organization(2016).

9   국가통계포털, 행정구역(시도)/성별 경제활동인구, 2017. 10월 참조.

10   〈2016년 지역별 성평등 수준 분석 연구〉, 여성가족부.

11   "세계경제포럼 보고서 '남녀경제평등 217년 걸린다'",〈한겨레〉, 2017. 11. 3.

12   "한국 여성 국회의원 비율 전 세계 81위?",《투명사회를 위한 정보공개센터》, 2009. 04. 1.; "여성 사회진출 수준 하위권 … 여성 국회의원 비율 118위",〈노컷뉴스〉, 2017. 11. 06.

13   "제12기 전국인민대표대회대표명단(2013)",《위키백과》.

14   중국 티베트 자치 구역에 사는 소수민족으로, 총 인구가 2,000여 명이다.

15   윌 킴리카, 황민혁 옮김,《다문화주의 시민권》, 동명사, 2010.

16   〈국적·지역 및 체류자격별 체류외국인 현황〉, 국가통계포털.

17   지식채널e,〈모자이크〉 동영상 자막에서 인용.

더 나은 논쟁을 할 권리

엮은이 | 김은실
지은이 | 김은실 권김현영 김신현경 김애라 김주희 민가영 서정애 이해응 정희진

1판 1쇄 발행일 2018년 6월 18일
1판 4쇄 발행일 2019년 6월 17일

발행인 | 김학원
편집주간 | 김민기 황서현
기획 | 문성환 박상경 임은선 김보희 최윤영 전두현 최인영 정민애 김주원 이문경 임재희 이화령
디자인 | 김태형 유주현 구현석 박인규 한예슬
마케팅 | 김창규 김한밀 윤민영 김규빈 김수아 송희진
제작 | 이정수
저자·독자서비스 | 조다영 윤경희 이현주 이령은(humanist@humanistbooks.com)
용지 | 화인페이퍼
인쇄 | 삼조인쇄
제본 | 정민문화사

발행처 | (주)휴머니스트 출판그룹
출판등록 | 제313-2007-000007호(2007년 1월 5일)
주소 | (03991) 서울시 마포구 동교로23길 76(연남동)
전화 | 02-335-4422 팩스 | 02-334-3427
홈페이지 | www.humanistbooks.com

ⓒ 김은실 외, 2018

ISBN 979-11-6080-135-4 03330

• 이 도서의 국립중앙도서관 출판예정도서목록(CIP)은 서지정보유통지원시스템 홈페이지(http://seoji.nl.go.kr)와 국가자료공동목록시스템(http://www.nl.go.kr/kolisnet)에서 이용하실 수 있습니다.(CIP제어번호 CIP2018014514)

만든 사람들

편집주간 | 황서현
기획 | 전두현(jdh2001@humanistbooks.com) 박상경 이효온
편집 | 김선경 임미영 이효온
디자인 | 박인규